그레이트,
영국

그레이트, 영국

호기심 많은 아이를 위한 문화 여행

티나 오지에비츠 글
조시아 프란코프스카 그림 | 이지원 옮김

들어가는 말

'영국'이라는 나라 이름을 들으면 무엇이 머리에 떠오르나요? 유명한 팝 스타들의 이름만으로도 이 책의 절반은 채울 수 있을 거예요. 그리고 빅 벤과 브렉시트, 스톤헨지와 호그와트, 2층 버스, 빨간 전화박스, 하얀 절벽, 체크무늬의 킬트, 제임스 본드와 로빈 후드, 'Keep calm and Carry on(평정을 유지하고 하던 걸 계속 해.)'이라는 구호, 작은 차를 탄 미스터 빈, 버킹엄 궁전 앞에 검은 털모자를 쓴 호위병들……. 바로 영국을 상징하는 것들 중 극히 일부일 뿐이랍니다.

6

영국에는 처음 발견된 것도, 사상도, 유행도, 발명품도 많아요. 진화론, 축구, 텔레비전, 기차, 중력의 법칙, 자연 보호 구역, 백신, 자유주의, 동물권, 페니실린, 현금 지급기, 칫솔 같은 것들 말이에요.

역사에 남을 **영국인들**의 이름을 써 보면 목록이 길어요. 셰익스피어(130페이지를 보세요.), 다윈(118페이지를 보세요.)을 시작으로, 전 세계적으로 유명한 책의 주인공 해리 포터(142페이지를 보세요.), 셜록 홈스(122페이지를 보세요.), 이상한 나라의 앨리스, 피터 팬, 빌보 배긴스도 있어요.

런던은 또 하나의 스타이지만, 영국에는 다른 흥미로운 장소도 정말 많답니다! 영국의 가장 소중한 보물로는 숨 막히게 아름다운 경치를 자랑하는 열다섯 곳의 국립 공원과, 양과 야생마 말고는 며칠동안 아무도 만나지 않고 걸을 수 있는 수많은 길들이 있어요.
영국의 중심부는 바로 '**컨트리 사이드**', 즉 시골, 들판, 언덕과
히스 덤불 같은 전원 지대예요. 그리고 북쪽의 스코틀랜드는 산지와
고원으로 이루어져서 '**하일랜드**'로 불려요.

영국에는 또한 감탄이 나오는 **수많은 유적들**이 있어요. 도시의
소음을 뒤로하고 찾아간 곳에서는 돌로 만든 원들(160페이지를
보세요.), 멋진 정원들(170페이지를 보세요.), 벽으로 둘러싸인
성들, 중세의 교회들, 밀짚의 지붕이 있는 시골집들과 옛 수도원의
그림과 같은 폐허들이 우리를 기다려요.

자유주의는 개인의 자유를
가장 중요시하는 세계관이에요.
자유주의에서는 모든 사람에게 각자의
권리가 있다고 말해요. 예를 들어
행복할 권리, 동등한 대접을 받을 권리,
자유롭게 종교를 선택하거나 거부할
권리 같은 것들이요. 따라서 어떤
권력도 개인의 생각과 개인 생활에는
간섭하면 안 된다고요. 자유주의의
아버지는 영국의 철학자 존 로크예요.

그럼 준비됐나요? 파운드화와 우산
또는 비옷 그리고 도보 여행에도 끄떡
없는 튼튼한 신발만 있으면 된답니다.

1.  **자이언츠 코즈웨이** – 수천 개의 주상 절리는 거인이 만든 것이 아니라 자연의 작품이지만 너무나 신기하게 생겨 이런 전설이 생겨났어요. (78페이지를 보세요.)

2. 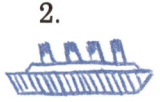 **벨파스트** – 북아일랜드의 수도. 1909년 이곳에서 타이타닉호가 건조되었어요. 오늘날 이 유명한 배가 만들어진 곳 근처에는 타이타닉 박물관이 있어요.

3.  **올드맨 오브 스토르** – 스카이섬의 커다란 바위. 노인이 바위로 변했다고도 하고, 거인의 엄지손가락이라고도 하지만 사실은 화산 작용의 결과물이에요. (78페이지를 보세요.)

4.  **글렌피난 철교** – 바로 이곳을 거쳐 해리 포터(142페이지를 보세요.) 영화 속 기차가 호그와트 학교를 향해 달려가요. 호그와트가 헤브리디스 제도의 가장 아름다운 섬인 스카이섬에 있다고 암시하는 부분이에요.

5.  **네스호** – 스코틀랜드 북쪽 끝에 있는 깊은 호수. 여기서 선사 시대의 괴물을 보았다는 소문으로 유명해졌어요. (140페이지를 보세요.)

6.  **케언곰스 국립 공원** – 영국에서 가장 크고 가장 추운 국립 공원. 극지방과 같은 미기후 때문에 순록들이 좋아하는 장소예요.

7.  **스털링성** – 스코틀랜드 왕들이 살던 곳. 몇백 년 동안은 이 성으로 가려면 포스강을 건너야만 했어요.

8.  **에든버러** – 스코틀랜드의 수도이며 해리 포터 시리즈가 생겨난 곳 (142페이지를 보세요.). 매년 8월에는 세계에서 가장 큰 연극제인 에든버러 프린지 페스티벌이 열려요.

9.  **하드리아누스 방벽**(152페이지를 보세요.)의 비공식적인 상징은 벽의 중간쯤에 자라고 있는 로빈 후드(96페이지를 보세요.)라는 이름의

너도밤나무예요. 이 벽의 가운데 부분은 노섬벌랜드 국립 공원에 속하는데, 이 공원 안에는 유럽에서 가장 큰 밤하늘공원이 있어요.

10. **위트비** - 오래된 항구 도시인 위트비는 소설 《드라큘라》(106페이지를 보세요.)의 배경이에요. 오스트레일리아를 발견한 제임스 쿡 선장이 이곳에서 젊었을 때 항해를 배웠어요.

11. **요크** - 중세 왕국 노섬브리아의 수도예요. 바이킹에게 점령당한 뒤 요르빅으로 이름이 바뀌어 바이킹 제국의 수도가 되었어요. (101페이지를 보세요.)

12. **파운틴스 수도원** - 영국에서 가장 화려하고 가장 큰 수도원 중 하나였어요. 지금도 많은 관광객들이 이 유적을 보고 감탄해요. 영국에는 버려진 수도원 유적이 많아요. 헨리 8세가 수도회를 해산시킨 16세기의 유적들이에요.

13. **레이크 디스트릭트** - 낭만주의 시인들 덕분에 유명해진 이 호수 왕국은 영국에서 가장 그림 같은 지역이에요. 경쟁자는 바로 피크 디스트릭트예요.

14. **피크 디스트릭트** - 아름다운 길과 풍경으로 유명한, 히스 덤불로 뒤덮인 고원 지대예요. 대부분의 지역이 영국에서 가장 오래된 국립 공원에 속해 있는데, 매년 천만 명의 관광객이 찾아요.

15. **셔우드의 숲** - 로빈 후드와 동료들이 숨어 살던 숲이에요. 그들이 살았던 시대에는 진짜 원시림이었을 거예요. 지금은 자연 보호 구역이에요. 매년 8월에 로빈 후드 축제가 열려요. (96페이지를 보세요.)

16. **케임브리지** - 유명한 대학 도시예요. 쌍둥이 형제로 옥스퍼드가 있어요. 이 도시의 상징은 킹스 칼리지 교회인데, 영국 전체에서 가장 아름다운 고딕 양식 궁륭을 자랑해요. (60페이지를 보세요.)

17.  **런던** - 영국의 수도. 유럽에서 가장 크고 가장 오래되고 가장 아름다운 도시 중 하나예요. 특징으로는 빨간색 2층 버스가 있어요. 2층 버스는 영국 전역에 있지만 빨간색은 런던뿐이에요. (52페이지를 보세요.)

18.  **옥스퍼드** - 유명한 대학 도시예요. (60페이지를 보세요.) 쌍둥이 형제로 케임브리지가 있어요. 소설《호빗》과《반지의 제왕》의 탄생지이며, 영화〈해리 포터〉촬영 세트 디자인에 영감을 주었어요. (142페이지를 보세요.)

19. **스톤헨지** - 세계에서 가장 유명한 선사 시대 건축물이에요. 거대한 선돌이 둥글게 줄지어 놓여 있는 스톤 서클인데, 영국에서 유일하게 입장료를 내고 들어가는 스톤 서클이에요. 그런데 스톤헨지로 가는 길에는 이를 반대하며 '국민의 재산이다, 돌들을 해방하라!'라고 써 놓은 작은 버스가 서 있어요. (160페이지를 보세요.)

20.  **스트랫퍼드어폰에이번** - 갈 것인가 가지 않을 것인가, 그것이 문제로다. 셰익스피어가 태어난 이 도시에는 셰익스피어가 태어난 집과 다녔던 학교 그리고 무덤이 있어요. (130페이지를 보세요.)

21.  **스노도니아 국립 공원** - 웨일스의 세 국립 공원 중 하나예요. (68페이지를 보세요.) 스노든산 꼭대기에서는 맑은 날이면 웨일스와 잉글랜드, 스코틀랜드, 아일랜드 그리고 맨섬이 모두 보인다고 해요. 하지만 구름 속에 서서 몇 미터 앞밖에 보지 못하는 날이 더 많아요.

22. **카디프** - 웨일스의 수도. 도시 위에 서 있는 성은 영국에서 가장 아름다운 실내 장식을 자랑해요. 카디프에 가면 세계에서 가장 오래된 레코드 가게인 스필러스 레코드에 가 보세요.

23.  **틴턴 수도원** - 영국에서 가장 유명한 유적지 중 하나예요. 밤에 여기서 묵는 것은 추천하지 않아요. 무장한 기사의 유령이나 두건을 쓴 수도사 유령들 사이에서 깨어날 수도 있으니까요. (106페이지를 보세요.)

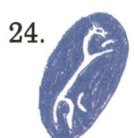
24. **어핑턴의 백마** – 땅에 새겨진 길이 100미터짜리 그림으로, 3천 년은 되었어요. 그 옆의 언덕에서는 영국의 유명한 수호성인인 성 조지가 용과 싸웠다고 해요. (26페이지를 보세요.)

25. **에이브베리** – 세계에서 가장 큰 스톤 서클이에요. 근처 언덕에는 톨킨 나무라고 불리는 너도밤나무가 자라는데, 사람들은 이 언덕에 저 너머 켈트족의 세계로 가는 통로가 있다고 여겨요. (160페이지를 보세요.)

26. **브리스틀** – 뱅크시(134페이지를 보세요.)와 풍선의 도시. 매년 8월이면 이곳에서는 국제 열기구 축제가 열린답니다.

27. **글래스턴베리** – 영국 괴짜들의 비공식적인 수도예요. (46페이지를 보세요.) 아서왕 전설 속 아발론이자(64페이지를 보세요.) 엘프들의 세계로 가는 대문이 있는 곳이기도 해요. (112페이지를 보세요.)

28. **틴타겔성** – 전설에 따르면 이곳에서 아서왕이 태어났어요. (64페이지를 보세요.) 그러나 아서왕에 대해 알려진 것은 거의 없어요. 공중으로 흩어져 버릴 것 같은 기사의 모습을 하고 곶에 서 있는 갈로스 조각상은 그런 사실을 상징하는 걸까요.

29. **라임 레지스** – 19세기에 동네의 화석 찾는 아가씨가 세계 최초로 이크티오사우루스와 플레시오사우루스의 화석을 발견한 곳이에요. (118페이지를 보세요.)

30. **헬리건의 잃어버린 정원**과 근처의 **에덴 프로젝트** – 영국의 가장 아름다운 정원을 찾아다닐 때 꼭 들러야 할 곳이에요. (170페이지를 보세요.)

31. **세인트 마이클스 마운트섬** – 밀물과 썰물에 따라 가는 길이 드러나는 유명한 영국의 섬이에요. 무서운 거인이 만들었다는 말도 있어요. (22페이지를 보세요.)

여러 문화가 섞인 섬

영국은 잉글랜드, 스코틀랜드, 웨일스라는, 서로 공통점이 아주 많지만 다른 점도 꽤 많은 세 지역이 모여 있는 섬이에요. 옆 섬인 아일랜드의 일부분과 함께 영국이라고 불리는 **그레이트 브리튼 및 북아일랜드 연합 왕국**을 이뤄요.

이 연합 왕국에는 잉글랜드인, 웨일스인, 스코틀랜드인과 아일랜드인(그리고 많은 외국인들)이 살고 있어요. 그러니 이들을 모두 '잉글리시'라고 부르는 것은 잘못된 것이랍니다. 왜냐하면 잉글리시는

'잉글랜드인'이라는 뜻이니까요. 영국의 모든 사람을 가리키는 말은 **브리티시**예요.

'브리튼'이라는 말은 어디서 왔을까요? 이 말은 아주 오래된 단어로 '그림으로 그려진 사람들의 땅'이라는 뜻이에요. 섬에 이런 이름을 붙인 것은 그리스의 여행자로, 기원전 몇 세기 전에 처음으로 영국에 대해 묘사했어요. 이 여행자가 만난 사람들이 문신을 한 켈트족이어서 켈트족 말로 '몸에 그림을 그린다.'는 뜻의 단어를 써서 이들과 이들의 나라를 '프레탄니케', '프레타니'라고 불렀다고 해요. 이 말이 라틴어로 다시 쓰이면서 프레탄니케가 프레탄니아로, 그러다 브리튼으로 바뀌게 되었어요.

기원후 초반에 영국은 로마 제국의 일부였어요. 여기에 살던 사람들은 주로 **켈트족**(156페이지를 보세요.)이었지요. 로마가 멸망하자 이 섬에 **앵글로·색슨족**이 쳐들어왔어요. 현재 독일 지역에 살던, 싸움을 좋아하는 종족이었지요. 이들은 켈트족의 영토 대부분을 빼앗았지만(64페이지를 보세요.), 이후에는 자기들도 영국을 차지하려는 바이킹(101페이지를 보세요.), 노르만족(96페이지를 보세요.)과 싸워야 했어요. 11세기에 **노르만족**이 승리를 거둔 후 영국은 노르만족의 영토, 그러니까 프랑스의 식민지가 되었어요.

노르만족의 승리 이후 영국은 로마 제국 시대보다 유럽 대륙과 더욱더 긴밀해졌어요. 이후 몇백 년 동안 영국왕들은 현재 프랑스 영토의 일부는 자기 것이라고 생각했고, 어떤 왕은 자기가 프랑스 왕위에 오를 자격이 있다고까지 생각했어요! 백년 전쟁에서 진 후에야 이런 계획은 좌절되었죠. 하지만 프랑스가 이 세상의 전부는 아니었어요. 15세기에 아메리카 대륙이 발견되고 16세기에 지구를 한 바퀴 도는 항해와 함께 식민지 개척 시대가 시작되었어요. 유럽의 왕조들이 바다 저쪽의 영토들에 대해 서로 경쟁을 벌이던 시대였지요. 영국은 다른 왕조들을 훨씬 앞서갔어요.
19세기 **대영제국**은 전 세계의 4분의 1을 차지했어요. 지금까지 존재했던 어떤 왕국보다도 큰 나라였지요. 인도와 오스트레일리아, 캐나다와 아프리카 영토의 많은 부분이 영국에 속했어요.

제2차 세계 대전 후에 상황은 달라졌어요. 그때 영국에 속했던 나라 대부분은 현재 독립국이에요. 영어가 전 세계에서 쓰이고(18페이지를 보세요.), 영국이 다문화 사회가 된 것은 이 시절의 흔적일 거예요.(14페이지와 88페이지를 보세요.)

영국은 의회 민주주의를 채택한 입헌 군주제 국가예요. 여왕이 있지만, 나라를 다스리는 것은 의회라는 말이지요. 국가에서 가장 중요한 사람은 수상이에요. 그럼 여왕은 무슨 일을 하냐고요? 여왕은 국가를 다스리지 않는 상징적인 존재로, 정치에는 관여하지 않아요. 한마디로……
여왕인 거죠!

영어할 줄 아나요?

18

영국 사람은 무슨 말을 하냐고요? 그 답이 당연하고 쉽지만은 않아요. 영국에서 살면서 일하는 외국인은 정말 많아서 런던에서만 해도 300개가 넘는 언어를 들을 수 있어요. 하지만 영국 전체의 공식 언어인 영어 말고도, 콘월 지방의 **콘월어**, 웨일스 지방의 **웨일스어**, 스코틀랜드에서 쓰는 **스코틀랜드어**와 **게일어** 그리고 북아일랜드에서 쓰는 **스코틀랜드어**와 **아일랜드어** 등이 모두 공식 언어예요.

영어는 영국 외에도 50개가 넘는 나라의 공식어예요. 오스트레일리아와 미국, 캐나다, 뉴질랜드, 파푸아 뉴기니, 잠비아, 케냐와 싱가포르 같은 나라에서 쓰여요. 전 세계에서 가장 많이 배우는 언어이기도 하고, 사용자 숫자로 따지면 전 세계에서 세 번째로 많이 쓰는 언어예요.

그러니 영어가 거의 없어질 뻔했다거나 프랑스어의 그늘에 가려 있었을지도 모른다는 사실은 지금은 상상하기도 힘들어요. 하지만 정말로 그랬답니다. 11세기에 영국이 프랑스의 식민지가 되었을 때(14페이지와 96페이지를 보세요.), 영국 귀족들과 왕들이 매일 쓰고, 관공서에서 쓰이던 언어는 프랑스어였어요. 유명한 영국의 왕들(예를 들어 사자왕 리처드) 중에서는 당시 농민과 하인들의 말이었던 영어를 아예 몰랐던 왕도 있었어요.

하지만 영어는 살아남았고 16세기에는 다시 강력해졌어요. 다른 언어들은 영어를 밀어내지 않고, 영어를 더 풍부하게 만들었죠. 바이킹들은(14페이지와 101페이지를 보세요.) 영어에 200개 정도의 단어를 남겼는데 그중에는 **sky**(하늘), **knife**(칼), **sister**(언니) 그리고 **smile**(미소)도 있어요. 프랑스어에서 온 말은 훨씬 많답니다. 바로 **police**(경찰), **prison**(감옥), **reason**(이성), **art**(예술) 등이에요. 이 단어들이 옛날엔 영어가 아니었다니, 믿을 수 있나요?

보통 영어는 영국식 영어와 미국식 영어로 나누지만, 그건 너무 심하게 단순화한 것이에요. 영국식 영어라고 해서 한 종류가 아니고, 미국식 영어도 한 종류는 아니에요. 영국에만 수백 개의 악센트, 그러니까 발음의 종류가 있으니까요. 영국 사람들 대부분은 몇 마디 나눠 보면 상대가 어느 지방에서, 심지어는 어디서 왔는지도 알 수 있다고 해요.

밀물과 썰물

영국에는 대서양과 북해 그리고 영국 해협의 물이 밀려들어 와요. 해안의 밀물은 아주 강해서 풍경을 완전히 바꿔 놓아요. 저녁에 호텔 창문에서 보았던 모래사장 위에 다음 날 아침에는 요트들이 떠다녀요. 얼마 전 자갈 사이로 산책하던 곳이 푸른 물이 넘실거리는 바다가 되고요. 바닷물이 다시 빠지면, 썰물로 생긴 물웅덩이에서는 게와 불가사리와 납작한 원뿔 모양으로 생긴 삿갓조개 등을 볼 수 있어요.

암모나이트가 많이 발견된 라임 레지스(118페이지를 보세요.)나 틴타겔성의 멀린 동굴 같은 곳은 바로 이런 썰물 때만 드러나는 곳이에요. 썰물 때는 발을 적시지 않고 근처의 섬들까지 걸어서 갈 수도 있어요. 하지만 오랫동안 가능한 것은 아니에요. 몇 시간 후면 다시 밀물이 들어오고 또다시 섬은 육지로부터 떨어지게 돼요.

영국의 기후에 큰 영향을 미치는 북해의 따뜻한 해류는 콘월에는 야자나무가, 런던에는 무화과나무가 자라도록 할 뿐만 아니라 카리브해에서부터 조개와 성게들도 몰고 와요. 그래서 썰물 때 데본주 북부에서는 대서양 반대편에서부터 흘러온 개오지와 성게도 발견할 수 있답니다.

그런 섬 중 영국에서 가장 유명한 건 콘월주에 있는 **세인트 마이클스 마운트섬**이에요. 영국 해협에 있는 이 섬에 가려면 밀물 시간을 꼭 확인해야 해요. 순례자들을 위해 만들어진 길 위에 찰랑찰랑 물이 차올랐을 때 맨발로 돌아오는 것은 멋진 모험일 수도 있겠지요. 하지만 물살이 세지 않고, 육지에서 멀지 않을 때만 안전하답니다.

북해의 이러한 밀물과 썰물 주기는 런던에까지 영향을 미쳐요. 템스강의 밀물 썰물 상황은 하루 동안 네 번 바뀌어요. 밀물은 템스강의 수위를 7미터나 높일 수 있어요. 수 세기 동안 런던은 바로 이 주기와 함께 살아왔어요. 밀물과 함께 배들이 나타나고, 썰물과 함께 배들은 바다로 나갔답니다.(60페이지를 보세요.)

전설에 따르면 세인트 마이클스 마운트섬을 만든 것은
코모란이라는 무서운 거인이에요. 거인은 마을에서
과일과 젖소 그리고 사람도 납치하곤 했어요. 이 섬을
만들 때는 거인의 부인이 앞치마에 바위를 나르며
도와주었대요. 거인을 물리친 것은 용감한 마을 청년
잭이었어요. 언덕 꼭대기로 올라가는 길에서는
돌로 된 거인의 심장을 볼 수 있어요.

썰물 시간을 잘 몰랐다간 큰일이 날 수 있어요. 영국의 왕 중 한 명도 그런 경험을 했답니다. 1216년 **워시만**에서 존왕의 재산을 실은 마차가 밀려드는 파도에 갇히고 말았어요. 사람들은 안전하게 육지에 닿았지만 마차는 물에 빠지고 짐은 파도에 쓸려 내려갔어요. 왕관, 홀, 화려한 옷, 장식, 촛대, 금은으로 된 식기가 모두 흔적도 없이 사라졌죠. 이렇게 없어진 플랜태저넷 왕조 왕관의 보석들은 사라진 보물 중 가장 큰 보물에 속해요.

하늘에서 볼 수 있는 말

영국 해협이 가장 좁아지는 부분에서는 영국 해안에서 프랑스 도시인 칼레의 불빛이 보이고, 프랑스에서는 영국 도버의 하얀 해안 절벽이 보여요. 바로 이 절벽에서 영국이라는 나라의 가장 오래된 이름인 '알비온'이 유래했어요. 켈트어로 '흰색'을 뜻하는 단어에서 온 말이지요.

도버의 해안 절벽은 흰색인데, 영국의 남동쪽은 바로 수백만 년 전 작은 바다 생물들의 수많은 껍질로 만들어진 돌인 석회암으로 이루어져 있기 때문이에요.

웨일스의 케어필리 언덕에는 200미터나 되는 달리는 말 모양 조각이 있어요. '탄광의 말 술탄'이라는 이름이지요. 이 조각은 지금은 폐광이 된 남웨일스 지방의 광산에서 석탄을 나르던 말들을 기리기 위해 만들어졌어요.

이 지역에 살던 사람들은 자기 발밑의 땅이 검지 않고 하얗다는 것을 깨달았어요. 잔디와 진흙층을 걷어 내기만 하면요. 그래서 이런 식으로 거대한 그림을 만들 수 있다는 생각을 해냈어요.

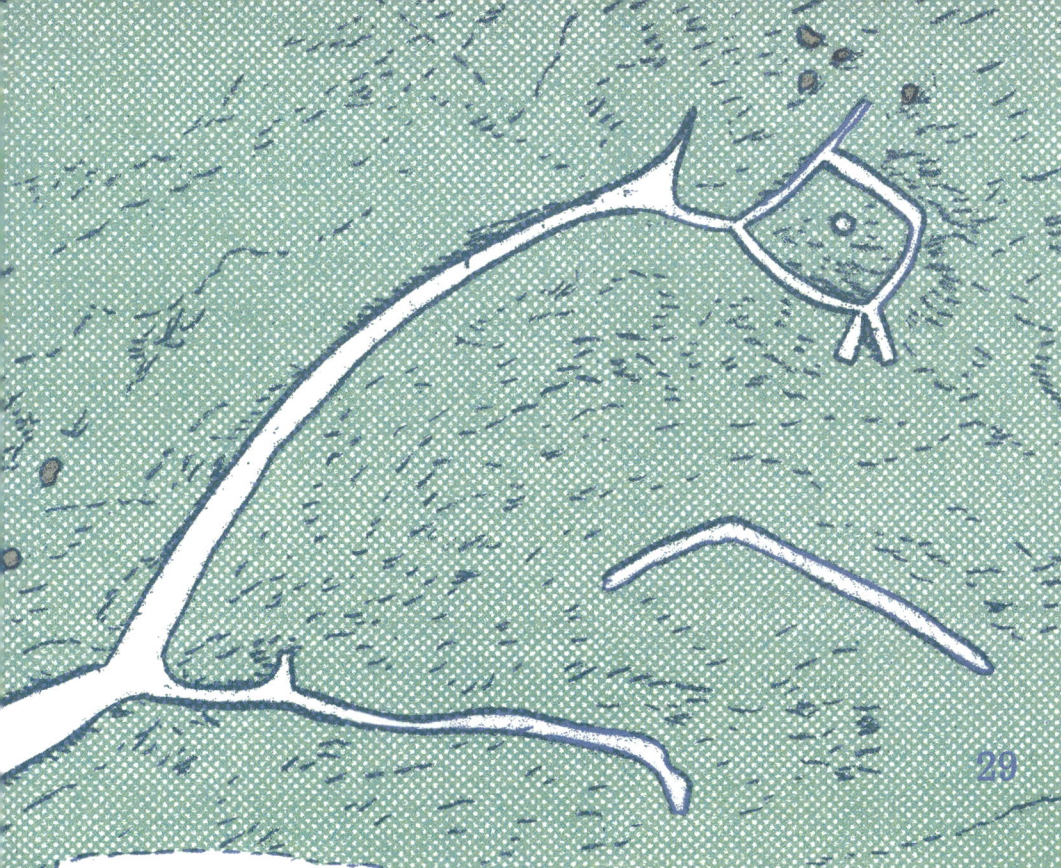

이렇게 만들어진 그림 중 영국에서 가장 큰 것은 **어핑턴의 백마**예요. 청동기 시대에서 철기 시대로 넘어가는 시기에 제작되었어요. 언덕에 만들어진 100미터짜리 달리는 동물의 그림은 너무나 희한해서, 이것이 정말 말인지 혹시 크기가 사자만 한 고양잇과의 화석 동물 검치호나 개가 아닌지 하는 생각도 들어요. 하지만 이 장소는 아주 옛날부터 '백마의 언덕'이라고 불렸어요.

영국에는 이런 석회암 말 그림이 열여섯 개가 있어요. 어핑턴의 말은 3천 년도 더 전에 만들어졌지만 다른 그림들은 대부분 17세기와 18세기에 제작되었고, 최근에 만들어진 것도 있어요.

영국에서 물 위에서 풀을 뜯고 있는 말을 만나게 된다면 조심하세요!
그건 켈트족의 전설과 민담에 나오는 켈피에일 수도 있어요.
모습이 변하는 존재인 켈피에는 말의 모습을 가장 많이 하고 있어요.
보기에는 순해 보이지만, 누군가 그 위에 앉기만 하면 호수나 강으로 달려가
그 사람을 물에 빠뜨려요. 여자로 변할 수도 있지만, 그때는 말발굽을 보고
알아차릴 수 있답니다. 폴커크에 있는 30미터짜리 철로 된 두 개의
말 머리 역시 켈피에라고 불려요. 운하 건설 때 일했던 말들을 기리는
동상이랍니다.

이 그림들은 너무나 커서 제2차 세계 대전 때는 독일군 조종사들이 이 그림들로 위치를 파악할 수 없게 하려고 그림 위에 토탄과 가지를 덮어 가려 놓기도 했어요.

백마의 언덕 근처에는 전설이 많아요. 어떤 전설에 따르면 영국의 수호성인인 성 조지가 이 근처 언덕에서 용을 무찔렀어요. 그 싸움의 흔적이 바로 언덕 꼭대기에 있는 하얀 자국인데, 용의 피가 뿌려진 그 자리에서는 풀이 자라지 않았다고 해요. 빙하의 움직임으로 깎인 벼랑은 거인이 만든 계단이라고도 하고요. 그리고 백마의 언덕의 하얀 말이 밤이면 언덕에서 내려와 계곡에서 풀을 뜯는다고도 한답니다.

푸른 풀밭

4월 말에서 5월 초가 되면 영국의 들판과 수풀과 숲들은 **블루벨**이라는 꽃으로 푸르게 변해요. 마치 동화처럼 땅 위로 솟아오르는 이 보랏빛 푸른 안개가 그냥 자연의 풍경이라니 놀라운 일이에요. 그 전에 수선화와 은방울꽃이 피고, 과수원의 나무들이 꽃을 피우긴 하지만 영국에서 모두가 애타게 기다리는 봄의 상징은 블루벨이랍니다.

영국에서는 5월 첫째 주와 마지막 주는 금요일이나 월요일이 공휴일이 되어 긴 주말을 즐길 수 있어요. 뱅크 홀리데이, 즉 '은행 휴일'이라고 부르기도 하지요. 이때 영국인들은 푸른 숲과 풀밭을 즐기러 도시를 벗어나요. 지역 인터넷 포털과 신문은 어디에서 이 블루벨을 가장 많이 볼 수 있는지 정보를 실어요. '켄트의 가장 아름다운 블루벨', '서섹스에서 블루벨은 어디에서 볼 수 있을까', '런던 근교에서 블루벨 보기' 등의 기사로요.

영국의 봄맞이 축제로 빼놓을 수 없는 것이 영국 민속춤인 **모리스** 공연이에요. 이 춤을 추는 사람들은 무릎 아래 작은 종을 달아, 발을 구를 때마다 종소리가 울려 퍼져요.
또한 **잭 인 더 그린** 퍼레이드도 멋진 볼거리를 제공하지요.

얼굴을 초록빛으로 칠하고 초록색 옷을 입고, 머리카락과 옷을
잎으로 장식한 사람들이 마치 걸어 다니는 나무처럼 보이는
'잭 인 더 그린'을 데리고 거리를 행진해요.
이 초록빛 행렬과 모리스 춤은 봄이 온다는 공식적인 신호랍니다.

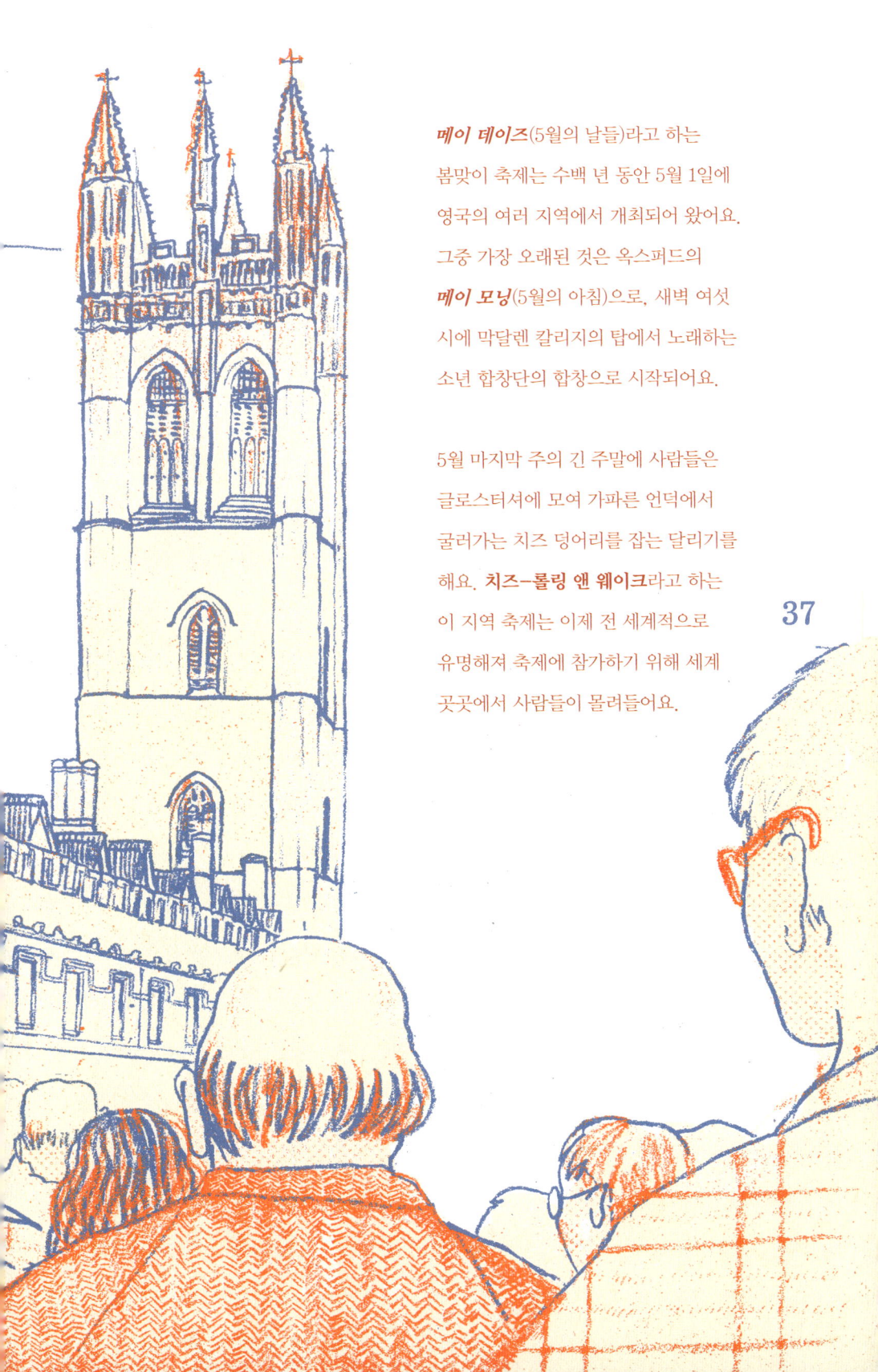

메이 데이즈(5월의 날들)라고 하는 봄맞이 축제는 수백 년 동안 5월 1일에 영국의 여러 지역에서 개최되어 왔어요. 그중 가장 오래된 것은 옥스퍼드의 **메이 모닝**(5월의 아침)으로, 새벽 여섯 시에 막달렌 칼리지의 탑에서 노래하는 소년 합창단의 합창으로 시작되어요.

5월 마지막 주의 긴 주말에 사람들은 글로스터셔에 모여 가파른 언덕에서 굴러가는 치즈 덩어리를 잡는 달리기를 해요. **치즈-롤링 앤 웨이크**라고 하는 이 지역 축제는 이제 전 세계적으로 유명해져 축제에 참가하기 위해 세계 곳곳에서 사람들이 몰려들어요.

여왕의 백조

38

섬 나라인 영국은 철새의 이동 경로에서 중요한 정류장이에요. 봄에 아프리카에서 날아오는 새들도 있고, 겨울에 스칸디나비아와 동유럽에서 날아오는 새들도 있어요. 영국의 겨울은 날씨가 온화하고 해변은 갯벌과 물에서 먹이 활동을 하는 새들에게 이상적인 장소예요. 그래서 영국에 아예 머물러 사는 새들도 많답니다.

그렇게 정착한 나그네 새 중에는 17세기에 북아메리카 대륙에서 영국으로 온 **캐나다기러기**가 있어요. 웨일스와 스코틀랜드에는 **퍼핀**의 대규모 번식지도 있고요. 런던 한복판에는 **펠리컨**들이 사는 곳도 있답니다. 이들은 1664년 러시아 대사가 영국 왕에게 선물로 가져왔던 새들의 자손이에요. 매일 두 번씩 신선한 물고기를 제공받는 이 새들은 좀처럼 세인트 제임스 공원의 작은 섬을 떠나지 않는답니다. 가끔 동물원으로 날아가서 물고기를 훔쳐 먹긴 하지만요. 하지만 영국의 역사에서 가장 흥미로운 새는 **백조**예요.

사람들이 새의 귀족이라고 여기는 백조는 중세 영국에서는 귀족들의 새였어요. 성의 정원 연못 장식처럼 여겼고, 행사가 있을 때면 고기를 먹이면서 키웠어요. 백조를 기르는 것은 가장 부유한 귀족들의 특권이었어요. 귀족들은 자기 백조의 부리에 칼로 표시를 했어요. 그런 표시가 없는 백조들은 모두 여왕의 소유였어요. 여왕의 백조를 죽이는 것은 국가에 대한 배신 행위나 다름없었지요. 이 법은 1998년에 이르러서야 없어졌어요. 왜냐하면 1981년부터 백조는 이미 보호 조류가 되었거든요.

영국에 있는 백조 대부분이 여왕의 것이지만 사실 여왕의 직접적인 보호 아래 있는 것은 옥스퍼드셔주의 애빙던온템스부터 런던 서쪽 선버리온템스까지 템스강 127킬로미터 구간에 있는 백조들이에요. 100년 전부터 매년 7월 세 번째 주에는 **스완 어핑**(백조 세기) 행사가 열려요. 백조 깃발을 꽂은 여섯 개의 나무 배가 선버리에서 5일 동안 백조의 수를 확인하기 위해 항해를 떠난답니다. 윈저 궁을 지날 때 배에 탄 모두는 차려 자세를 하고 노를 들어 경례를 해요. 강에 보이는 모든 백조의 수를 세고, 몸무게를 재고, 조사를 해요. 스완 어핑 덕분에 백조들의 건강 상태를 검사하고 병에 걸리기 전에 조치를 취할 수 있어요. 80년대에는 낚시에 쓰이는 납추를 백조들이 삼키는 바람에 백조의 수가 줄어들었다는 것을 밝혀내고 템스강에서 납추 사용을 금지했어요. 여왕의 보호를 받는다는 것은 좋은 일이죠!

전 세계에서 가장 많은 백조가 사는 곳은 도셋의
애보츠버리 백조 서식지예요. 600마리 정도의
백조가 살고 있어요. 자유롭게 야외에서 살며,
사람들을 전혀 무서워하지 않는답니다.
전 세계에서 유일하게 둥지에 앉아 있는 백조
사이로 산책할 수 있는 곳이에요.

이곳에서도 2년마다 백조의 수를 세고 조사를 해요.
수의사가 있는 곳까지 백조를 날라 와야 하는데,
백조가 너무 많아서 성인 자원봉사자의 도움이
필요하지요. 웃는 얼굴로 백조를 팔에 안고 줄을
서서 집중하고 있는 사람들의 모습은 영국에서만
만들 수 있는 추억의 풍경이에요.

영국의 괴짜들

사람들은 보통, 영국인들이 차분하고 절제하며 규범적인 생활을 한다고 생각해요. 하지만 영국처럼 특이한 사람이 많은 나라도 별로 없을 거예요. 이 이성적인 사람들은 자기 자신만의 규칙에 따라 살겠다고 결심하면, 정말 철저하게 그 생각을 실행한답니다.

영국 역사 속에는 특이한 인물들이 너무 많아 누구를 골라야 할지 힘들 지경이에요. 목줄을 한 곰을 데리고 케임브리지를 산책하던 **바이런 경**은 어떨까요? 아니면 얼룩말이 끄는 마차를 타고 달렸던 **로스차일드 남작**은요? 자기 영지의 젖소들에 중국 청화 백자 같은 꽃무늬를 그리게 했던 **조지 시트웰 경**은요? 아니면 사냥개 대신 돼지들과 함께 사냥을 하고, 주위의 가난한 사람들을 초대해…… 관에 놓인 음식을 나누었던 **제임스 허스트**는요?

바이런 경이 케임브리지로 공부하러 갈 때, 그곳에서는 개를 기를 수 없다는 사실을 알게 되었어요. 화가 난 바이런 경은 길들인 곰을 사서(곰을 금지하는 교칙은 없었거든요.) 자기 개 대신 곰을 데리고 갔어요. 곰은 바이런 경과 한 방에 살았고, 바이런 경은 곰과 함께 산책을 나갈 때마다 일대 소동이 일어나는 것을 엄청 재미있어 했어요.

이러한 괴상한 행동으로 유명한 영국인들은 대부분 귀족이었어요. 평범하지 않은 삶의 방식을 유지하는 데는 가끔 꽤 많은 돈이 들었거든요. 예를 들어 병적으로 수줍음을 많이 탔던 **5대 포틀랜드 공작**은 노팅엄셔에 있는 자기 영지에 아무도 들이지 않았을 뿐만 아니라, 아예 땅속에 들어가 살 생각을 했어요. 지하에 집을 지으라고 명령했는데 그 안에는 무도회장과 당구장도 있었어요.

이 방들은 24킬로미터나 되는 터널로 연결되어 있었고, 그중 하나는 기차역과 통해 있었어요. 포틀랜드 공작이 런던에 갈 때는 유리창이 검게 칠해진 마차를 타고 이 터널을 통해 기차역까지 가서 기차에 올랐죠. 런던에 있는 자기 집에 도착하면 하인들을 시켜서 아무도 보지 못하는 사이에 자기 방으로 올라갈 수 있도록 했어요.

영국 괴짜들의 비공식적인 수도는 글래스턴베리로, 벤치에 엘프가 한 손에 스무디를, 다른 한 손에 스마트폰을 들고 앉아 있어도 아무도 놀라지 않는 곳이에요. 마법사는 큰길에 있는 가게에서 수정 구슬을 사고, 카페에서는 고대 켈트족들의 종교인 드루이드교 성직자들이 논쟁을 벌이지요.

차나 사람들이 왼쪽으로 다니는 좌측통행도 영국의 괴상한 점 중 하나일까요? 꼭 그렇지는 않아요. 옛날에는 유럽 전체가 좌측통행을 했어요. 18세기에 이르러서야 유럽의 여러 나라가 오른쪽으로 다니기 시작했어요. 영국은 그냥 그 변화에 동참하지 않았던 것뿐이에요. 어쩌면 전통을 고수하기 위해서…… 아니면 나폴레옹 때문일지도 몰라요. 나폴레옹은 프랑스에서 법으로 우측통행을 강제했고, 영국인들은 나폴레옹의 말을 듣는 것보다는 죽는 게 나았을 테니까요.

영국과 다른 유럽 국가들의 차이는 이것만이 아니에요. 영국에서는 유로가 아니라 파운드화를 쓰고, 도량형도 달라요. 영국에서 쓰는 요리용 저울과 체중계에는 파운드와 온스 그리고 킬로그램과 그램이 함께 표시되어 있는 것들이 많아요. 물, 우유, 맥주의 양은 파인트와 갤런으로 표시해요.

또 다른 괴짜 귀족인 **타튼 사이크스 경**은 꽃을 정말 싫어해서, 꽃이 보이기만 하면 인정사정없이 지팡이로 내리쳤어요. 8대 브리지워터 공작인 **프랜시스 애거튼**은 구두를 달력처럼 이용했는데, 매일 새 구두를 한 켤레씩 신고 한 줄로 늘어놓아 시간의 흐름을 셌지요. **로크비 경**은 물 밖으로 거의 나오지 않는 것으로 유명했어요. 식사조차도 특수 제작한 욕조에서 먹었으니까요. **노스 경**은 10월 9일부터 3월 22일까지는 아예 침대에서 일어나지도 않았어요. 누군가 그 기간에 자신을 찾아오면, 방에 길다란 식탁을 차려 거기에 손님들을 앉히고 침대에 앉은 채 함께 밥을 먹었어요.

길이는 인치로, 거리는 마일과
야드로 표시하지요.
1인치 = 2.54센티미터
1피트 = 30.48센티미터
1야드 = 91.44센티미터
(헨리 1세의 코끝에서부터
엄지손가락까지의 길이가
기준이에요.)
1마일 = 1609미터
1파운드 = 0.45킬로그램
1온스 = 28.34그램
1파인트(영국) = 0.57리터
1갤런(영국) = 4.55리터

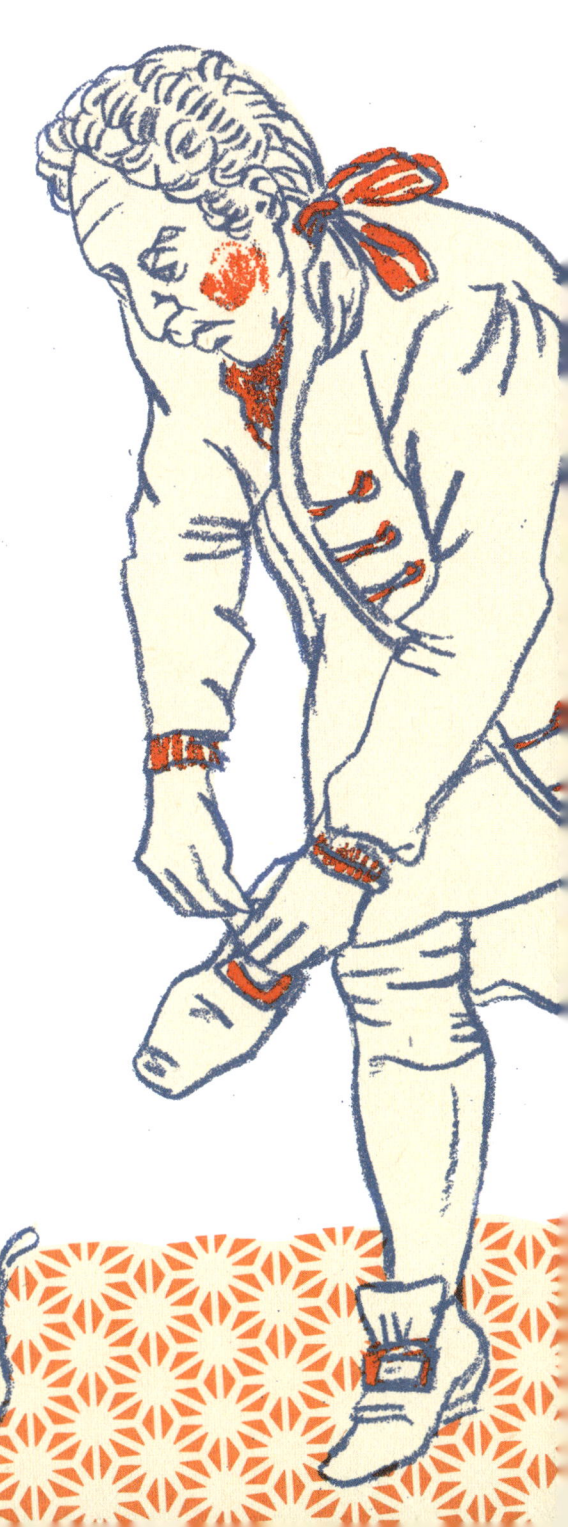

까마귀 성

런던에는 볼거리가 셀 수 없이 많아요. 글로브 극장(130페이지를 보세요.), 킹스크로스 역의 9와 4분의 3 플랫폼(142페이지를 보세요.), 베이커가에 있는 셜록 홈스의 집(122페이지를 보세요.), 투명 유리통으로 만들어진 런던 아이, 포르토벨로 거리의 토요 벼룩시장, 세인트 폴 대성당의 위스퍼링 갤러리, 대영 박물관의 이집트 미라, 하이드 파크를 새벽 다섯 시에 기수 없이 달리는 100마리에 가까운 호위대의 말들…….

하지만 필수 관람 목록에서 절대 빠지지 않는 것은 바로
런던 탑이에요. 템스강 변에 세워진 이 중세의 탑에 옛날에는
왕들이 살았어요. 지금은 유령들(106페이지를 보세요.)과 까마귀가
살고 있지요.

900년 역사 동안 런던 탑은 왕들이 사는 곳이자 보물 창고이기도
했고, 처형장, 감옥, 무기고, 화폐를 만드는 곳, 천문대, 세계

'지브롤터는 마카크원숭이들이 살고 있는 한 영국 영토일 것이다.'라는 말이 있었어요.
그 말이 정말인지 시험해 볼 사람은 아무도 없었지요. 그런데 제2차 세계 대전 동안 지브롤터의 마카크원숭이 숫자가 확 줄어 일곱 마리밖에 남지 않게 되자, 윈스턴 처칠은 알제리와 모로코의 마카크원숭이들을 지브롤터로 옮겨 놓게 했어요.

곳곳에서 가져온 이국적인 동물을 기르는 동물원이기도 했어요.

처음에는 로마에서 보낸 사자 세 마리, 그다음에는 노르웨이왕이 선물로 보낸 북극곰 그리고 프랑스왕이 보낸 코끼리가 국왕의 동물원인 런던 탑에 있었어요. 퓨마와 곰, 원숭이와 부엉이 그리고 독수리도 있었지요.

오늘날 런던 탑에는 이런 이국적인 동물들이 살고 있지 않아요. 19세기 초에 런던 동물원으로 옮겨졌거든요. 남은 것은 오직 이곳을 완전히 다스리게 된 **까마귀**뿐이에요.

런던 탑에 까마귀가 살고 있는 한 영국은 계속될 것이라는 말 때문에 까마귀는 쫓겨나지 않았답니다.

17세기에는 이 까마귀들이 법령으로 보호를 받았고 후대의 왕들은 언제나 런던 탑에 최소한 세 쌍의 까마귀들은 살 수 있도록 신경을 썼어요. 까마귀들이 날아가 버리지 않도록 한쪽 날개의 깃털을 잘랐는데, 그러면 나는 동안 중심을 유지할 수 없게 되어 멀리 날아가지 못해요.

런던 탑의 까마귀들에게는 매일 날고기와 피에 적신 애견용 과자를 줘요. 겨울이면 간유와 비타민이 든 알약도 먹인답니다. 이렇게 정성스러운 보호를 받고 자라는 까마귀는 꽤 오래 살 수 있어요. 최장수 까마귀는 무려 44년 동안 살았어요. 이 까마귀의 무덤은 런던 탑 주위의 마른 해자 안에 있는 새 공동묘지에 있어요.

런던 탑을 방문할 때 까마귀에게 먹이를 주면 안 돼요. 첫째, 이 까마귀들은 세상에서 가장 관리가 잘 되어 있고 가장 배가 부른 까마귀들이고, 둘째로 이 까마귀들은 자기 주인만 자신을 만지도록 허락하는 야생 동물이기 때문이에요. 너무 가까이 가면 부리로 쫄 수도 있어요.

그러니까 런던 탑의 까마귀들은 완전히 자유로운 몸은 아니지만 그렇다고 웨이크필드 탑 정원 안의 새장 속에 갇혀 있는 것도 아니에요. 깃털이 잘려 멀리 날아갈 수는 없지만, 잔디 위를 낮게 날아다니거나 울타리나 긴 의자의 손잡이에 폴짝 뛰어 위엄있게 사진의 포즈를 취해 줄 수는 있거든요.

런던 탑 바로 옆에 타워 브리지가 있어요. 독특한 모양의 탑이 양쪽에 서 있고 두 개의 다리가 있어요. 아래쪽 다리는 배들이 지나갈 때 열려요. 위쪽 다리에는 사람들이 지나다닐 수 있는 길이 두 개 있는데, 바닥은 유리로 되어 있어 아래로 지나가는 배들을 구경할 수 있어요. 1912년에 이 도보 다리와 아래의 다리 사이를 초기 비행기가 비행했고,

1968년에는 군 폭격기가 이 묘기를
되풀이한 적도 있어요.
하지만 가장 황당한 일은 1952년
한 2층 버스 운전사가 자기도
모르는 사이에 열리고 있던 다리 위로
버스를 몰고 들어갔던 사건이에요.
다행히 버스는 갈라지는 사이를 무사히
통과해 반대편 다리로 넘어갔다고 해요.

대학들의 경주

영국에서 가장 오래된 대학인 **옥스퍼드**와 **케임브리지**는 전 세계적으로도 역사가 깊으면서도 좋은 학교들이에요. 이 두 학교는 비슷한 점이 많아 따로따로 말하기도 하지만 '옥스브리지'라고 함께 말할 때도 있어요.

두 학교는 훌륭한 교수진들과 유명한 졸업생들을 자랑해요. 둘 다 런던에서 한 100킬로미터 정도 떨어진, 평화롭고 역사적인 도시에 자리하고 있지요. 두 도시에는 모두 강이 흐르는데,

그 강에서 펀트라고 하는, 납작한 바닥을 하고 삿대로 강바닥을 젓는 배를 타요. 학교 부지는 넓고, 잘 갖춰진 도서관과 아름다운 건물들이 있지요. 봄이면 잔디밭에서 야생 오리들이 풀을 뜯고, 학기 중에는 다 세울 수도 없을 만큼의 자전거가 다니고, 여름이면 좁은 거리엔 관광객들이 가득해요. 어느 곳이 더 나은지 모를 만큼요. 하지만 경주를 벌인다면, 우열을 가릴 수 있지요.

두 대학 간의 **조정 경기** 아이디어는 1829년 두 친구 중 한 명이 옥스퍼드로, 다른 한 명이 케임브리지로 공부하러 오며 생겨났어요. 이후 몇 년에 한 번씩 조정 경기가 열리다가 지금은 부활절 즈음에 매년 열려요.

조정 경기는 템스강에서 열리는데 구간 길이는 한 7킬로미터 정도 되어요. 강둑에 잔뜩 모인 구경꾼들이 노를 젓는 선수들을 응원하지요.

여덟 명이 타는 두 배가 런던의 푸트니 다리에서 출발해 치스윅 다리까지 가는 경주예요. 런던 지도를 보면 이 코스가 서쪽을 향하고 있다는 것을 알 수 있어요. 그래서 노를 젓는 선수들이 물살의 흐름을 거슬러서 올라가는 것처럼 보여요. 하지만 경주는 밀물 때 진행되기 때문에 사실 그렇지는 않아요.

만조 한 시간 반 전에 남자부 경기가 시작되고, 여자부 경기는 그보다 30분 먼저 펼쳐져요. 이때 물살은 아주 거세요. 키잡이들은 배를 강 한복판에 위치시키려고 노력하지요. 강 한복판을 두 배가 동시에 차지할 수 없기 때문에 경주 내내 치열한 자리 다툼이 벌어져요.

경주가 끝나면 이긴 팀은 주장인 키잡이를 강으로 빠뜨리고, 이후 떠들썩한 행사에서는 배를 불에 태우고 선수들은 그 불 위를 껑충 껑충 뛰어다닌답니다.

가끔 이 경기의 중계자들은 농담으로 파란 옷을 입은 팀이 이겼다고 말해요. 또는 누가 옥스퍼드를 응원하는지, 케임브리지를 응원하는지 물으면 '난 파란 팀 편이야.'라고 대답하기도 해요. 경주 자체만큼이나 오래된 이 농담은, 양쪽 팀 모두 파란 옷을 입기 때문에 생겨났어요. 옥스퍼드는 남색, 케임브리지는 하늘색 옷이랍니다.

아서왕의 발자취

 탁의 기사에 대해 들어본 적이 있나요? 마법사 멀린은요? 호수로 던진 엑스칼리버는요? 이 모든 것이 아서왕 전설에서 나온 이야기예요.

아서왕은 전설 속 왕 중에서 아마 가장 유명할 거예요. 그리고 가장 비밀에 싸여 있기도 하고요. 정말로 존재했는지도 알 수 없어요. 아서왕 이야기는 웨일스에서 처음 시작되었어요. 5세기, 영국이 속해 있던 로마 제국이 멸망하던 때였지요. 이때 섬으로 호전적인 앵그로·색슨족이 침입해 왔어요. (14페이지를 보세요.)

아서는 켈트족과 로마 병사들의 자손들을 모아 침입자들에 맞섰어요. 아서가 누구였는지는 알려지지 않았어요. 어쩌면 켈트족의 족장 중 한 명이었을 수도, 아니면 로마인이었을 수도 있어요. 아서는 수많은 승리를 거두었지만, 결국은 앵글로색슨족이 이겨서 켈트족을 웨일스와 콘월, 스코틀랜드 지방으로 몰아냈어요.

엑스칼리버를 어떤 호수에 던졌을까요? 스노도니아의 한 가운데에 있는 산속의 호수들인 린 리도, 린 디나스, 린 오그웬 등이 거론되지만, 호수의 여인이 콘월에 있는 도즈마리 호수나 로 호수에 산다는 이야기도 있어요.

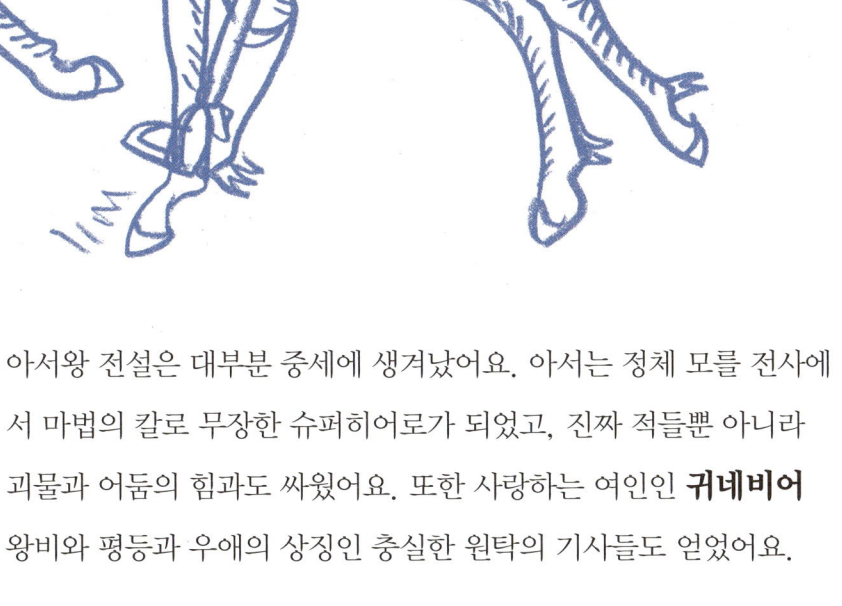

아서왕 전설은 대부분 중세에 생겨났어요. 아서는 정체 모를 전사에서 마법의 칼로 무장한 슈퍼히어로가 되었고, 진짜 적들뿐 아니라 괴물과 어둠의 힘과도 싸웠어요. 또한 사랑하는 여인인 **귀네비어** 왕비와 평등과 우애의 상징인 충실한 원탁의 기사들도 얻었어요.

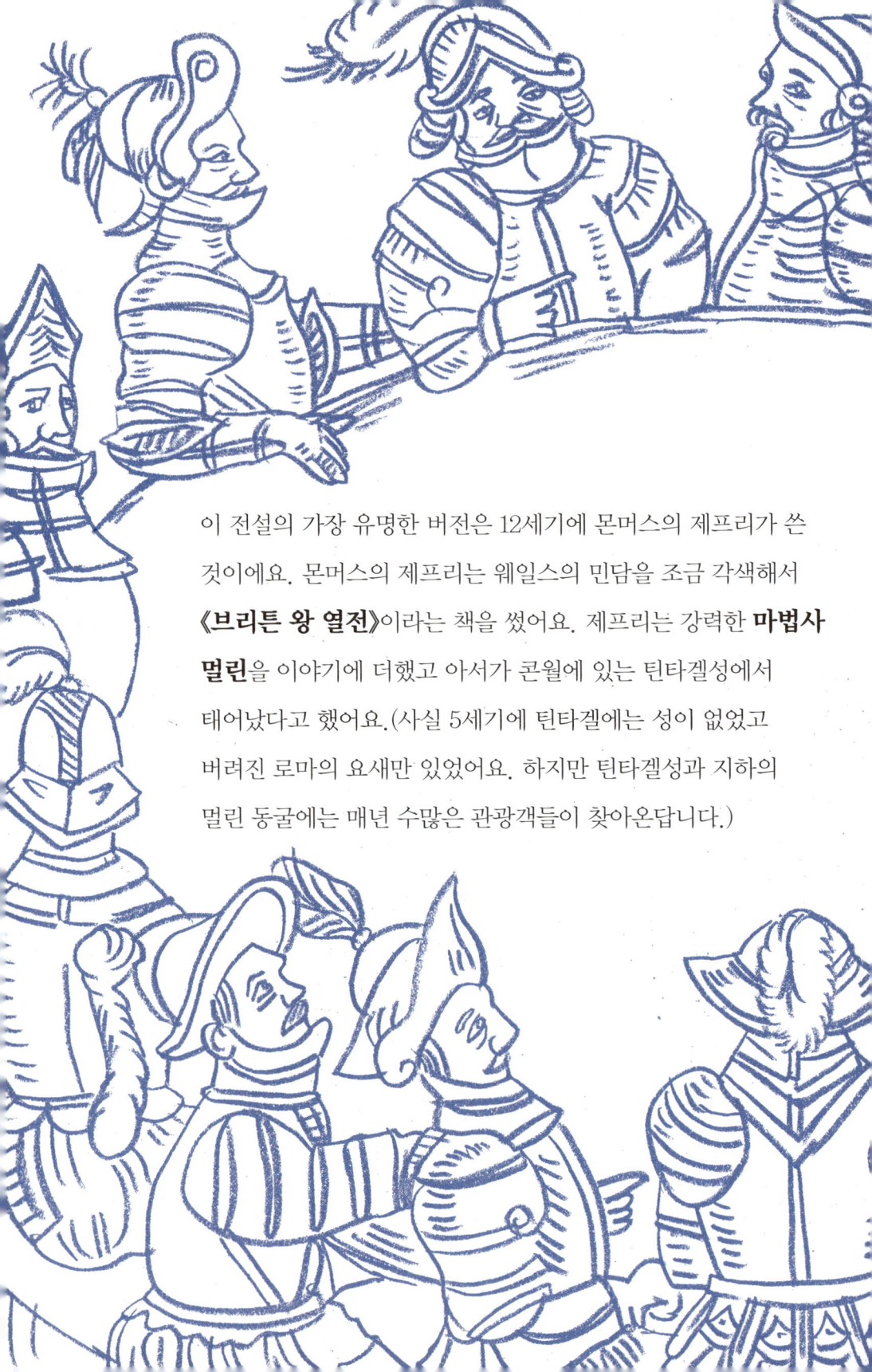

이 전설의 가장 유명한 버전은 12세기에 몬머스의 제프리가 쓴 것이에요. 몬머스의 제프리는 웨일스의 민담을 조금 각색해서 **《브리튼 왕 열전》**이라는 책을 썼어요. 제프리는 강력한 **마법사 멀린**을 이야기에 더했고 아서가 콘월에 있는 틴타겔성에서 태어났다고 했어요.(사실 5세기에 틴타겔에는 성이 없었고 버려진 로마의 요새만 있었어요. 하지만 틴타겔성과 지하의 멀린 동굴에는 매년 수많은 관광객들이 찾아온답니다.)

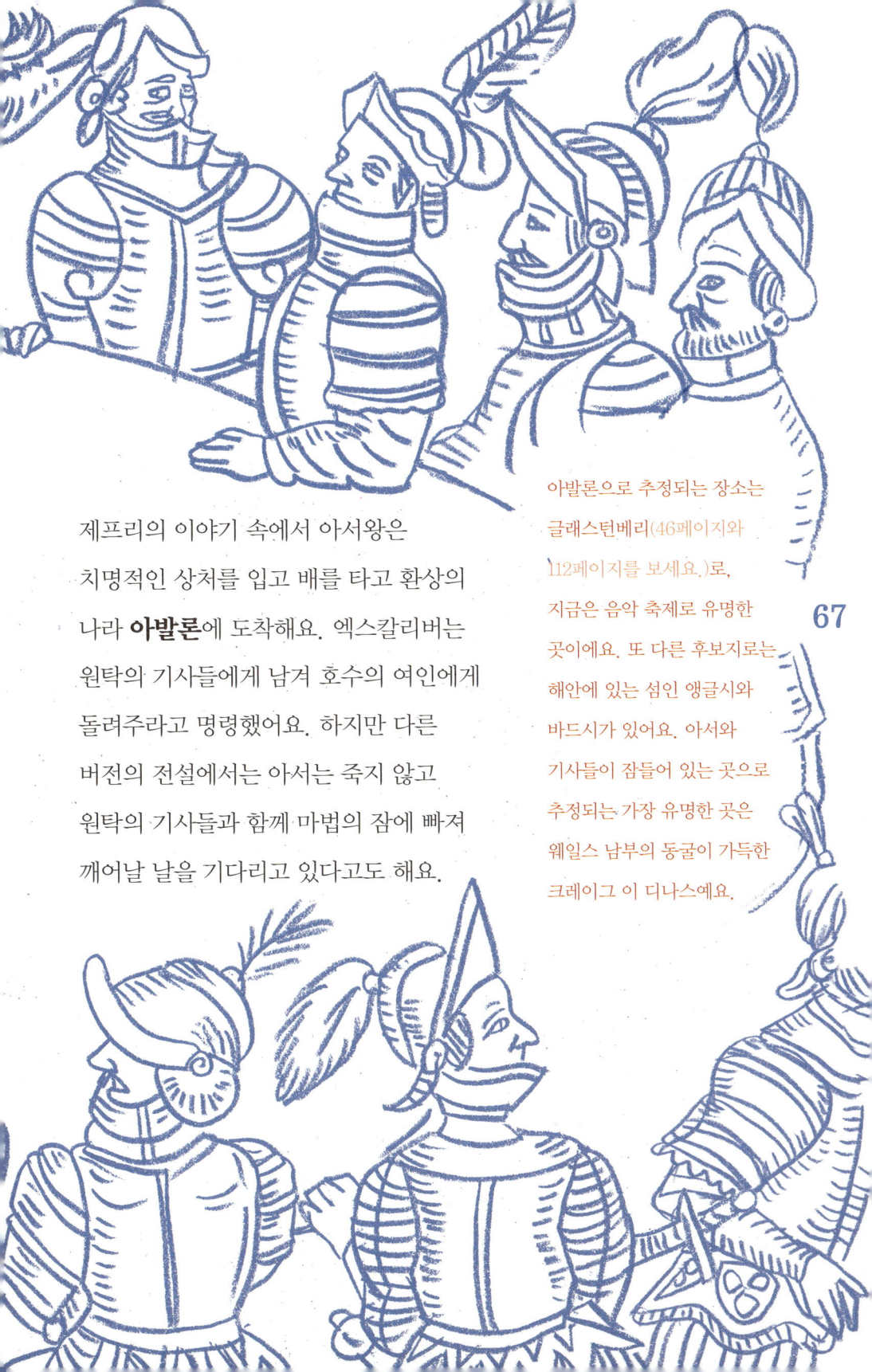

제프리의 이야기 속에서 아서왕은 치명적인 상처를 입고 배를 타고 환상의 나라 **아발론**에 도착해요. 엑스칼리버는 원탁의 기사들에게 남겨 호수의 여인에게 돌려주라고 명령했어요. 하지만 다른 버전의 전설에서는 아서는 죽지 않고 원탁의 기사들과 함께 마법의 잠에 빠져 깨어날 날을 기다리고 있다고도 해요.

아발론으로 추정되는 장소는 글래스턴베리(46페이지와 112페이지를 보세요.)로, 지금은 음악 축제로 유명한 곳이에요. 또 다른 후보지로는 해안에 있는 섬인 앵글시와 바드시가 있어요. 아서와 기사들이 잠들어 있는 곳으로 추정되는 가장 유명한 곳은 웨일스 남부의 동굴이 가득한 크레이그 이 디나스예요.

유럽 대파와 수선화

웨일스에 왔다는 사실은 어떻게 알 수 있을까요? 웨일스어와 영어, 두 가지로 쓰인 표지판을 보면 알 수 있어요. 'CROESO I GYMRU!'와 'WELCOME TO WALES!'는 모두 **'웨일스에 오신 것을 환영합니다!'** 라는 뜻이에요.

웨일스어가 아직도 살아남은 것은 주위 상황과는 전혀 상관없는 일이에요. 소용돌이치는 웨일스 역사의 증거는 이 작은 땅에 세워진 엄청나게 많은 성들만 봐도 알 수 있어요. 성은 거의 600개나 되었고, 지금까지 남아 있는 것도 100개가 넘어요. 제곱킬로미터당 성의 개수로 따지면 전 세계적인 기록이랍니다. 이 중 가장 큰 방어성은(영국 전체에서는 두 번째로 커요.), 해자와 인공 호수로 둘러싸인 **카르필리성**이에요. 이 성의 특별한 점은, 유명한 피사의 사탑보다 두 배나 더 기울어진 탑이랍니다.

세상에서 가장 작은 집은 어떻게 생겼을까요? 그 집은 웨일스의 콘위에 있어요. **Llanfairpwllgwyngyllgogerychwyrndrobwllllantysiliogogogoch**에서 살아 보는 건 어떨까요? 이 이름은 '성 티실 교회 근처의 붉은 동굴 아래 소용돌이치는 물결에서 멀지 않은 흰 개암나무 사이의 성 마리아 교회'라는 뜻이랍니다. 줄여서 '랜페어 PG'라고도 부르는 이 지명은 영국에서 가장 긴 지명으로, 앵글시섬의 작은 시골 마을 이름이에요.

그럼 이곳이 웨일스에서 가장 특이한 장소일까요? 또 다른 특이한 다른 마을이 있는데, 바로 엄청나게 많은 서점이 있는 책 마을 **헤이온와이**예요. 이곳에서 열리는 문학 축제에는 매년 전 세계에서 작가들과 독자들이 몰려든답니다.

웨일스에는 산길을 걷기 좋아하는 사람들 또한 많이 방문해요. **스노도니아** 산맥에는 웨일스의 세 국립 공원 중 하나가 있어요. 시야가 환한 날에는 꼭대기에 있는 스노든산(웨일스어로는 어루 위드바)에서 웨일스와 아일랜드, 잉글랜드와 스코틀랜드,

맨섬까지 모두 보여요. 스노든산 꼭대기로 걸어 올라가는 데는 세 시간 정도 걸리지만 100년도 전에 만들어진 톱니바퀴 열차를 타고 오를 수도 있어요.

가파른 절벽과 많은 섬이 있는 **웨일스 해안**은 바닷새들의 천국이에요. 퍼핀을 보고 싶으면 온통 보랏빛 꽃으로 뒤덮이는 (32페이지를 보세요.) 봄에 스코머섬으로 오세요. 섬의 높은 절벽에서는 물개와 쇠돌고래, 돌고래 그리고 운이 좋으면 헤엄치는 고래도 볼 수 있어요.

영국에서 가장 인기 있는 스포츠는 축구이지만 웨일스에서는 럭비예요. 그다음으로 좋아하는 것은 합창이랍니다. 여러 명이 부르는 남성 합창은 교회뿐만 아니라 펍과 경기장에서도 들을 수 있어요.

럭비와 합창이라니, 마치 유럽 대파인 리크와 수선화와 같은 조합이지만, 사실 리크와 수선화는 웨일스의 국가 상징이랍니다. 3월 1일, 웨일스의 수호성인인 성 데이비드의 날에 웨일스 사람들은 수선화를 옷에 달아요. 그리고 건포도가 들어간 팬케이크를 구워요 (186페이지를 보세요.). 거리에는 붉은 용이 그려진 깃발이 휘날리고 카디프에서는 축제의 행진을 해요.

킬트와 클란

코틀랜드에 왔다는 사실은 어떻게 알 수 있을까요? 라디오에서 스코틀랜드 출신 듀오 프로클레이머스의 노래 '**아임 고너 비**(I'm Gonna Be)'가 나오면 모두들 후렴을 따라 하는 걸 보면 알 수 있죠. 이 노래는 '**500마일**'이라는 제목으로도 알려져 있는데, 스코틀랜드의 국민 가요거든요. 그리고 또요? 물론 치마를 입은 남자들을 보면 알 수 있어요.

술이 달린 체크무늬 치마 **킬트**는 스코틀랜드 고원 지대에 사는 사람들의 전통 의상을 현대화한 거예요. 옛날에 킬트는 모로 된 긴 천으로, 한쪽 끝은 허벅지에 감고 다른 한쪽은 팔에 감았어요. **클란**이라고 불리는 고원 지대의 일가들은 모두 자신들만의 **타탄**, 그러니까 자신들만의 독특한 체크무늬가 있었어요.

스코틀랜드의 백파이프는 무기로 분류되는 유일한 악기예요. 왜냐하면 백파이프 연주자들이 전투에서 이 악기를 연주하며 '주의', '왼쪽으로 돌아' 또는 '공격' 등의 신호를 보냈기 때문이에요.

스코틀랜드의 클랜들은 서로 경쟁하며 땅과 가축을 차지하기 위해 싸우기도 하고, 동맹을 맺기도 했어요. 각 클랜에는 지도자가 있었고, 빼앗아가기 힘든 곳에 위치한 방어성인 자기들의 본부가 있었어요. 스코틀랜드 고원의 멋진 성들은 아직도 대부분 그 성을 지은 클랜의 소유예요.

17세기 중반, 스코틀랜드가 잉글랜드의 권력에 맞서는 봉기에 또다시 실패하자 킬트와 게일어와 백파이프 연주는 모두 금지되었어요. 하지만 금지했다고 이들이 사라지긴커녕 스코틀랜드의 상징이 되어, 고원 지대에서 태어나지도 않고 킬트가 뭔지도 몰랐던 사람들마저 킬트를 입기 시작했어요. 12세기에서 13세기로 넘어가는 시기의 가장 유명한 독립투사였던, **'브레이브 하트'** 라고 불린 **윌리엄 월리스**는 킬트를 입지 않았는데, 왜냐하면 평야 지대인 글래스고에서 태어났기 때문이에요.

스코틀랜드의 상징은 유니콘이에요. 상징이 된 것은 14세기로, 이때는 유니콘이 있다고 믿었을 뿐만 아니라 유니콘은 영국의 상징인 사자도 무찌를 수 있었다고 믿었어요. 오늘날 사자와 유니콘은 영국 여권을 나란히 장식하고 있어요. 또 다른 스코틀랜드의 상징은 엉겅퀴예요. 바이킹의 침입 (101페이지를 보세요.) 때 엉겅퀴들이 스코틀랜드의 시골 마을들을 구했거든요. 사람들이 모두 잠든 밤, 바이킹들이 엉겅퀴가 가득한 들판을 통해 마을에 들어오려다 가시에 찔리고 온몸에 얽혀 소란을 부리고 말았던 거예요. 잠에서 깬 개들이 짖는 소리에 놀란 마을 사람들은 무사히 산 위로 올라가 피할 수 있었어요.

영국이 거의 스코틀랜드에게 이기고 있었을 때 진짜 영웅으로 등장한 **윌리엄 월리스**는, 어떤 영향력 있는 가문에서 태어난 사람도 아니었어요.
월리스는 배신을 당해 적들의 손에 넘겨져 죽었지만 그의 영웅적인 행동은 스코틀랜드인들에게 앞으로 투쟁할 수 있는 힘을 주었어요.
스털링성의 뽀족한 탑은 월리스 기념비예요. 탑 꼭대기에서는 월리스가 가장 유명한 승리를 거둔 장소를 볼 수 있어요. 그때 월리스의 나이는 스물일곱 살이었으니 영화 〈브레이브 하트〉에서 월리스 역을 연기할 때의 멜 깁슨보다 훨씬 어렸답니다.

오늘날 킬트는 특별한 날 입는 옷이에요. 결혼식이나 다른 축제, 특히 스코틀랜드의 국민 시인인 번스가 태어난 1월 25일 밤에 입어요. 그리고 스코틀랜드 군인들의 무도회 복장이기도 해요.

새해맞이 행사로도 스코틀랜드는 빠지지 않아요. 스코틀랜드인들은 자기들만의 새해맞이 전통이 있고(선물을 가지고 남의 집을 방문해요.), 12월 31일은 **호그머네이**라고 불러요. 스코틀랜드의 새해맞이는 전 세계에서 가장 떠들썩할 거예요. 에든버러의 거리에서는 횃불을 든 거대한 행렬이 지나가고, 스톤헤븐에서 열리는 퍼레이드에서는 사람들이 머리 위로 거대한 불 공을 돌린답니다.

엄지손가락과 자이언츠 코즈웨이

아일랜드와 스코틀랜드 전설에는 켈피에(26페이지를 보세요.)만 나오는 것이 아니라 엘프(112페이지를 보세요.)와 거인도 나와요. 전설에 따르면 **올드맨 오브 스토르**(스토르의 노인)라고 불리는 스코틀랜드 스카이섬의 높은 화산 절벽은 이곳에 묻힌 거인의 엄지손가락이 땅 위로 삐죽 튀어나온 거예요. 다른 전설에서는 엘프들이 노인을 바위로 만들었다고 해요.

이 노인은 오랫동안 매일 아내와 함께 스토르 언덕에 왔어요. 바위에 앉아 주위 사람들 이야기를 하곤 했죠. 누가 사랑에 빠지고, 누가 죽고, 누가 결혼하고, 어느 집에 아이가 태어나고, 누가 암소를 샀는지, 그런 일상적 소식들이었어요. 하지만 부부는 이 이야기를

엘프들이 엿듣고 있는 줄 몰랐어요. 엘프들에게 이 이야기는 마치 세상에서 가장 재미있는 드라마나 라디오 프로그램 같았어요. 어느 날 노인과 아내가 이제 너무 늙었으니 더 이상 언덕에 오를 수 없다고 결심하자 엘프들은 이들을 납치해서 자신들의 왕국에 가뒀어요. 하지만 자신들의 마을을 그리워하던 노인과 아내는 도망을 쳤는데, 그 벌로 엘프의 왕이 그들을 바위로 변하게 했어요. 집으로 돌아가며 가장 좋아하는 장소를 지나치던 그 순간에요.

사실 멀리서도 보이는 이 50미터짜리 뾰족한 검은 바위는 옛 화산 분출구의 흔적이에요. 유럽의 북쪽 끝에는 옛날에 부글부글 끓는 화산이 많았거든요. 영국에도 이런 화산 활동의 흔적이 남아 있는 장소가 많아요. 북아일랜드에 있는 **자이언츠 코즈웨이**도 그중 하나로, 바다 멀리까지 뻗어 있는 수천 조각의 주상 절리를 볼 수 있어요.

전설에 따르면 피온 맥커메일이라고 하는 거인이 바로 이 자이언츠 코즈웨이를 만들었어요. 바다를 건너 근처 스코틀랜드의 섬으로 가 거기에 살고 있는 거인 베나도너를 무찌르기 위해서였지요. 하지만 피온은 그 섬에 다다르자 싸우고 싶은 생각이 사라졌어요. 왜냐하면 베나도너가 자기보다 훨씬 더 컸기 때문이에요. 피온은 다시 돌아왔지만, 베나도너가 뒤를 쫓아왔어요. 겁에 질린 피온은 숨으려고 했지만, 그의 부인에게는 더 좋은 생각이 있었어요. 피온을 어린 아기처럼 꽁꽁 감싸 요람 안에 넣어 둔 거예요. 베나도너가 그들의 굴에 들어오자 부인은 남편은 지금 없지만 곧 돌아온다고 말했어요. 베나도너는 요람에 있는 아기가 너무 커서 깜짝 놀라 물러났어요. 집으로 돌아가는 길에 베나도너는 이 거대한 아기의 아버지가 집으로 돌아오지 못하도록 코즈웨이를 망가뜨렸어요. 자이언츠 코즈웨이의 스코틀랜드 해안 쪽에는 핑갈의 동굴만이 남아 있어요.

카드에 열광하는 영국인들

리 포터가 자기 생일에 친구들로부터 오는 생일 카드를 기다리던 것을 기억하나요? 병원에 입원했을 때 해리의 침대 옆 책상에 얼른 나으라는 카드가 잔뜩 놓여 있던 것은요? 이 카드를 배달한 것이 우체부가 아니라 부엉이라는 사실만 빼고는 매우 영국적인 일화예요.

영국의 가게에 있는 **카드** 종류를 보면 머리가 아플 지경이에요. 또한 이러한 카드 위에 쓰여 있는 글귀들은 농담과 아이러니, 비꼬기가 가득한 영국식 유머를 보여 줘요. 형제자매의 생일 카드에 보내는 사람이 '우리 부모님이 가장 사랑하는 자식'이라고 써 있거나, 칭찬이 가득한 축하 카드의 첫 글자를 세로로 읽으면 '바보'라고 쓰여 있을 때도 있어요. 영국에서는 어떨 때 카드를 보낼까요? 우선, 생일 축하 카드, 결혼 축하 카드, 명절 때 보내는 카드가 있겠죠. 딸이 태어났을 때, 아들이 태어났을 때, 손주가

태어났을 때, 조카가 태어났을 때를 위한 카드도 있어요. 아빠를 위한 카드, 엄마를 위한 카드, 아들과 딸과 형제와 자매와 할아버지와 할머니와 사촌과 손녀 그리고 계모와 계부를 위한 카드도 있답니다. 직장을 구한 것을 축하하는 카드, 직장을 잃은 것을 위로하는 카드, 직장을 바꾼 것을 축하하는 카드, 은퇴를 기념하는 카드도 있어요. 운전면허 딴 걸 축하하는 카드, 첫 번째 차를 산 것을 축하하는 카드, 이사를 축하하는 카드도요. 기쁨의 카드, 사과의 카드, 애도의 카드도 있지요. 건강을 빨리 되찾으라고

쓰는 카드도 있고, 건강해진 것을 축하하는 카드도 있어요. 여자들 사이에서 가장 친한 친구에게 주는 카드('넌 영원히 나의 최고의 친구일 거야, 나에 대해 너무 많이 알거든.')와 남자들 사이에서 친한 친구에게 주는 카드('우린 영원히 최고의 친구일 거야, 왜냐하면 새 친구를 사귀긴 우린 너무 게으르잖아.'), 여행을 떠난 것을 기념하는 카드와 여행에서 돌아와 보내는 카드도 있어요. 심지어 감옥에서 나온 것을 축하하는 카드도 있다니까요. 물론 감사의 카드는 너무 많아서 고를 수도 없을 지경이에요.

밸런타인 카드도 잊어서는 안 되겠죠. 밸런타인 카드가 발명된 곳이 바로 영국이니까요(엽서와 우표도 영국에서 발명되었어요!). 이건 보통 발명이 아니에요. 전 세계에서 보내는 밸런타인 엽서는 매년 1억 5천 장이나 되는데, 크리스마스 카드 다음으로 가장 많아요. **크리스마스**에 영국의 초등학생들은 선생님들과 반 친구들에게 카드를 보내요. 모두에게요!

빨간색 영국 우체통은 빨간 공중전화 박스와 같은 운명을 맞지는 않을 거예요. 두 명 중 한 명은 핸드폰을 가지고 있는 요즘 공중전화는 점점 덜 쓰이고 있지만, 아직도 영국의 상징 중 하나고 관광객들은 여전히 공중전화 박스 안에 들어가 사진을 찍어요.

하지만 이미 다른 용도로 쓰이는 공중전화 박스도 있어요. 현금 인출기가 설치되어 있기도 하고, 화단 또는 다 읽은 책을 교환하는 장소로 쓰이기도 하고, 무료로 핸드폰을 충전하거나 심장 제세동기를 보관하는 데 쓰이기도 해요.

어느 곳과도 다른 학교

영국 학교에서는 **교복**을 입어요. 교복을 입지 않아도 되는 날은 자기 생일과 초등학교 학생들이 자기가 좋아하는 책 속의 주인공으로 변장하는 **세계 책의 날**뿐이에요. 세계 책의 날에는 선생님들과 교장 선생님, 학교 직원들도 모두 변장을 하고 학교에 와요. 또한 매년 열리는 자선 행사 날에도 교복을 입지 않아요. 자선 행사 중 가장 큰 것은 매년 11월에 하는 **BBC 어린이 돕기 모금 행사**예요. 이날 어린이들은 물방울무늬나 행사의 마스코트인 퍼지 베어가 그려진 옷을 입고 와요. 교복을 입지 않는 또 다른 날은 **크리스마스 점퍼 데이**예요. 이날에는 모두들 크리스마스 장식이 되어 있는 색색의 스웨터를 입고 크리스마스 벼룩시장에 참여해요.

교복 착용 의무는 무더운 한여름, 남학생들이 긴 교복 바지를 입어야 할 때면 굉장히 힘들어져요. 2017년 6월 데본주의 한 중학교 학생들은 교장 선생님에게 반바지를 입게 허락해 달라고 요청했어요. "여학생들은 짧은 치마를 입잖아요." 라면서요. 교장 선생님은 꿈쩍도 하지 않았어요. "치마는 교복의 일부지만 반바지는 아니지."가 대답이었어요. "만약 원한다면 치마를 입는 건 괜찮다." 다음 날 다섯 명의 남학생이 치마를 입고 학교에 나타났어요. 며칠이 지나자 치마를 입은 남학생은 50명이 되었어요. 이 사건은 신문에 보도되었고, 모두들 박수를 쳤어요.

영국 어린이들은 세 살 때부터 **프리스쿨**이라고 하는 어린이집에 가서 글자와 숫자를 처음 배워요. 2년 후 0학년부터 공부를 시작해요. 한 학년은 여섯 개의 학기로 되어 있는데, 학기와 학기 사이에는 1주나 2주짜리 휴가가 있어요. 방학은 7월 말부터 9월 첫 월요일까지 5주 동안이에요.

초등학교 내내, 그러니까 열한 살이 될 때까지 어린이들은 체육과 음악만 빼고는 모두 한 선생님에게 전 과목을 배워요. 담임 선생님은 매년 바뀌어요. **중학교**에 가서야 과목마다 다른 선생님이 가르쳐요.

교복 말고 영국 학교에서 가장 눈에 띄는 것은 다문화적인 성격이에요. 어떤 반에 가도 여러 나라, 다른 문화권에서 온 친구가 있어요. 학교의 홈페이지에 얼마나 많은 나라의 학생들이 자기 학교에서 배우고 있으며 어떤 언어를 쓰고 있는지 쓰여 있기도 해요. 어떨 때는 그 언어가 몇십 개에 이르기도 해요. 인도와 파키스탄에서 쓰는 펀자브어, 인도와 방글라데시에서 쓰는 벵골어, 소말리아어, 중국어, 터키어, 폴란드어, 불가리아어, 인도와 스리랑카에서 쓰는 타밀어, 아랍어, 파키스탄과 아프가니스탄에서 쓰는 파슈토어, 인도에서 쓰는 힌디어, 구자라트어, 콩카니어, 인도와 파키스탄에서 쓰는 우르두어 등 정말 다양하답니다.

푸딩과 티

영국 음식은 마치 영어 같아요. 첫인상은 간단하면서도 명확해 보이지만, 더 잘 알게 되면 놀라운 점이 많거든요. 예를 들어 영국의 전통 요리인 '**토드 인 더 홀**(구멍 속의 두꺼비)'의 이름만 듣고 진흙이 끼얹어진 두꺼비 구이를 기대했다가는 매우 실망하게 될 거예요. 왜냐하면 빵 반죽 안에 소시지를 넣어 구운 요리니까요.

아니면 어디에나 있기 때문에 어떤 외국인이라도 곧 맛볼 수밖에 없는 푸딩을 예로 들어 볼게요. **푸딩**이라는 이름은 사실 서로 전혀 닮은 점이 없는 수많은 요리를 통틀어 말하는 거예요. **크리스마스 푸딩**은 호랑가시나무 장식을 얹은 디저트인데 건과일류와 동물성 기름과 브랜디를 혼합해서 만들어요. 크리스마스 한참 전부터 준비했다가 술을 끼얹어 크리스마스 만찬에 내지요. **요크셔 푸딩**은 팬케이크 반죽으로 만드는 부드러운 작은 빵인데, 일요일 정찬 때 오븐에 구운 고기와 함께 나온답니다. **스티키 토피 푸딩**은 토피 소스를 끼얹은 달콤한 대추야자 케이크이고, **블랙 푸딩**은……
순대의 일종이에요.

그럼 뭔가 단순한 것을 예로 들어볼까요. 단순하다고 하면 **티**, 차처럼 단순한 게 있을까요? 하지만 영국에서 **티**라고 하면 오후 세 시에서 다섯 시 사이에 먹는 식사를 말하고, 보통 다섯 시쯤 먹는 모든 식사는 그냥 티라고 부르기도 해요. 그래서 '**티에 뭘 먹을지 모르겠네.**'라는 말은 사실 밥을 뭘 먹을지 모르겠다는 뜻이랍니다.

이 티는 정말 다양해요. 여러 가지 모습으로 나타나는데, **애프터눈 티**는 보통의 오후 간식으로 차와 과자, 아니면 빵과 함께 먹거나 얇게 줄 모양으로 썬 샌드위치와 함께 먹어요. **하이 티**는 간식이라기보다는 저녁 식사예요. 이때는 식탁에 차갑고 따뜻한 여러 가지 음식이 나오고, 단 것보다는 샌드위치나 채소, 훈제 햄이나 고기도 나와요.

크림 티에는 차에 스콘을 함께 먹어요. 특히 **크림 티**는 아침 식사 후의 어중간한 시간에 먹게 된답니다.

스콘은 무엇일까요? 스콘은 부풀어 오른 머핀처럼 보이지만 달지는 않아요. 어떻게 먹냐고요? 접시에 담긴 스콘과, 다른 작은 접시에 딸려 나오는 잼과 진한 크림을 받아든 관광객이라면 의아할 수 있을 거예요.
자, 그럼 스콘은 어떻게 먹는지 설명해 드릴게요. 스콘을 손으로 가르거나 칼로 반으로 잘라요. 반 가른 스콘에 크림을 바르고, 그 위에는 잼을 발라요. 크림이 먼저인가 잼이 먼저인가 하는 데에 콘월과 데본 지방이 역사적으로 대립하고 있지만, 아직 결론이 나지 않은 문제랍니다.
하지만 **스콘**을 어떻게 발음하는지만은 묻지 말아 주세요. 영국인들은 '스콘'을 다양하게 발음하는데, 아직 어떤 것이 가장 적절한 발음인지 정하지 못했거든요.

로빈 후드는 누구?

무슨 이런 질문이 다 있어요! 로빈 후드는 당연히 **셔우드**에 살던 산적의 우두머리죠. 불법으로 사냥을 하고 지나가는 사람들을 털기도 하고 그것을 근처의 가난한 사람들과 나누기도 했고요.

로빈 후드 전설은 13세기에 생겨났는데, 이때 영국은 **노르만족**이 다스리고 있었어요(14페이지를 보세요.). 노르만족은 11세기에 프랑스 북쪽에서 와 영국인들을 헤이스팅스 전투에서 무찔렀어요. 그리고 자신들의 법을 들여와 스스로에게는 관대하게, 영국인들에게는 가혹하게 적용했지요.

500개가 넘는 성채를 세웠는데, 그곳에 주둔한 병사들은 영국인들이 조금이라도 반항하는 기미를 보면 바로 진압하도록 훈련받았어요. 오늘날에도 그런 성채는 90개가량 남아 있는데, 런던 탑(52페이지를 보세요.)과 윈저, 안윅의 성채들도 다 노르만족이 세운 것이에요. 로빈 후드의 가장 큰 적인 **노팅엄의 보안관** 역시 노르만인이었어요.

이렇게 강력했던 지배자들에게 대항한 **로빈 후드**는 영국인들에게 그냥 산적이 아닌, 나라의 영웅이었어요. 로빈 후드의 실제와 상상 속 모험 이야기는 영국 전역으로 퍼져 나갔어요. 15세기의 한 신부님은 신자들이 설교보다 로빈 후드 이야기 듣는 것을 훨씬 좋아한다고 화를 냈을 정도였어요.

셔우드 산적들의 본부였던 것으로
추정되는 참나무의 지름은 10미터나
되어요. 하지만 13세기에는 이 나무는
아직 도토리였을 수도 있어요.
산적들의 본부로 추정되는 또 다른
강력한 후보는 노섬벌랜드에 있는
로빈 후드 나무예요. 로마 시대의
방어벽이 세워져 있는 두 언덕 사이
양지바른 곳에서 자라고 있어요
(152페이지를 보세요.).
이 나무는 **영화 〈로빈 후드〉**에서
어린 소년이 사슴을 사냥하다가
기사들을 피해 근처에 있는 하나뿐인
나무 위에 올라가 숨는 장면에도
나와요. 기사들이 나무를 자르려고
하는 순간, 로빈 후드가 나타나
위기에 처한 어린 사냥꾼을 구하지요.

하지만 이 유명한 산적이 정말 누구였는지는 정말로 몰라요.
어쩌면 민중의 한 사람이었을 수도 있고, 노르만인들에게 영토를
빼앗긴 앵글로·색슨 귀족이었을지도 몰라요. 셔우드 관광 안내소의
정보에 따르면 로빈 후드는 셔우드에서 1191년부터 1234년까지
살았어요. 중세의 법정 기록을 보면 비슷한 이름의 사람들이 이
시기에 몇 명 있기는 해요. 그중 가장 오래된 것은 1225년의

기록으로, 로버트 호드라는 사람이 재판에 나타나지 않아 그 죄로
재산을 빼앗기고 추방을 당했다고 적혀 있어요. 또한 기록에는
호브호드, 윌리암 로브호드, 로빈 호드라는 사람들도 등장해요.
이 사람들은 모두 같은 사람일까요? 아니면 이들이 로빈
후드였을까요? 아마 우리는 절대로 알 수 없을 거예요.

바이킹의 도시와 초콜릿

고대의 벽으로 둘러싸인 아름다운 역사 도시 **요크**는 전 세계의 관광객들이 꿀에 몰려드는 벌처럼 찾아드는 도시예요. 휴가철이나 크리스마스 벼룩시장이 열릴 때면 좁은 거리는 지나가기가 힘들 정도로 사람이 꽉 차요. 특히 붐비는 곳은 섐블즈인데, 이 거리 양쪽으로는 14세기와 15세기에 지어진, 동화 속에 나오는 듯한 옛날 나무처럼 휘어진 집들이 줄지어 늘어서 있어요.

요크는 1세기에 로마인들이 세운 도시예요. 로마 제국이 멸망하자 앵글로·색슨 왕국인 노섬브리아의 수도가 되었고, 그 후에는 **바이킹 제국**의 수도였어요. 18세기에서 19세기로 넘어가는 시기에 이르러서야 영국 초콜릿의 수도가 되었고, 300년 동안 그 지위를 지키고 있답니다.

요크의 자랑은 북부 유럽에서 가장 큰 고딕 성당인 요크 민스터 대성당이에요. 여기서 얼기설기 엮인 중세의 거리를 지나면 바이킹 박물관에 다다라요.

바이킹은 8세기 말에 영국 해안에 나타났어요. 그러고 나서 200년 동안 전 유럽을 공포에 떨게 했지요. 몇 번이나 영국에서 앵글로·색슨족을 몰아내려고 했고, 거의 성공할 뻔하기도 했어요.

1970년대 요크에서는 저녁 시간에 유령의 발자취를 좇아 처형장과 무서운 역사가 깃든 장소의 관광이 시작되었어요. 곧 다른 도시들도 이 아이디어를 받아들여서 영국의 거의 모든 도시에 이런 종류의 산책 프로그램이 아주 많아요. 1년 내내 진행되기도 하고, 핼러윈 기간에만 진행될 때도 있어요.

앵글로•색슨 7왕국 중 여섯 개를 무너뜨렸으니까요.
남은 것은 오로지 웨섹스밖에 없었는데, 웨섹스의 왕이었던
알프레드 대왕은 한동안 늪지대에 피신해 있어야 했어요.
정복자들은 요크에 요르빅이라는 새 이름을 붙였는데, 요르빅은
10세기 중반까지 바로 이 바이킹들의 수도였답니다.

바이킹 박물관에서는 바이킹의 도시 요르빅을 재건한 모습을 볼 수
있어요. 전시장은 지하에 있어요. 표를 사서 계단을 내려가 전기로
된 기차의 자리에 앉아요. 어둠 속에서 드러나는 거리와 건물들에서
당시의 복장을 한 마네킹들이 움직이는 모습이 보여요. 바구니를
짜는 사람, 물고기를 파는 사람, 화장실에 앉아서 얼굴을 찡그리고
관람객들에게 무언가를 중얼거리는 사람도 있어요.

천 년 전 요르빅에서는 겨울이 끝날 때 봄이 오는 것을 축하하는 성대한 율라블롯 축제가 열렸어요. 요크에서 열리는 **바이킹 축제**는 이런 종류의 축제 중에서 세계에서 가장 규모가 커요. 매년 2월 5만 명이 넘는 관광객이 이곳을 찾고, 도시 전체는 과거로 돌아가지요. 거리마다 수염을 기른 전사들이 도끼와 방패에 휘두르고 머리에 뿔을 꽂고 돌아다니고, 경기와 잔치, 옛 전투의 재현, 불꽃놀이 그리고 가장 멋진 수염을 기른 사람을 뽑는 대회도 열려요.

여기서 보는 모든 것은 진짜 도구들과 진짜 그릇, 진짜 옷이나 장식, 아니면 아주 잘 만들어진 모조품이에요. 요크를 발굴하던 고고학자들은 요르빅에 살던 사람들이 이끼를 화장지로 이용했다는 사실도 밝혀냈어요. 바이킹의 지하 도시에 전시된 여러 유적들 중에서는 바로 이 이끼와 돌처럼 굳은 바이킹의 똥도 볼 수 있어요.

유령 이야기

허가 된 성, 비밀스러운 호수, 돌길, 텅 빈 창문 위를 담쟁이가 뒤덮고 있는 교회, 전투와 처형의 장소들……. 낭만적인 황무지와 폭풍 같은 과거를 가진 영국은 유령과 뱀파이어, 엘프와 다른 환상적인 존재들에게 딱 맞는 장소일 거예요. 그 때문에 18세기에 이곳에서 공포물의 전형인 고딕 소설이 나타난 것은 조금도 이상한 일이 아니지요.

글래스턴베리에서 엘프의 무도회와 축제가 열리듯(112페이지를 보세요.), 요크에서는 바이킹의 회합이 열리고 (101페이지를 보세요.), 위트비에서는 고스 위크엔드가 열려요. 고스 음악제에는 전 유럽의 고스족들이 몰려든답니다.

수많은 작가들이 지역의 전설과 민담을 한껏 인용해 왔어요. 죽음을 알리는 검은 악령 같은 개가 **《바스커빌가의 개》**와 **《해리 포터》**에 등장하기도 전, 요크셔와 노포크에서는 100년도 넘게 목격되었지요.

런던 탑(52페이지를 보세요.)의 유령 중에는 단두대에서 목이 잘린 앤 볼린도 있는데, 자기 머리를 겨드랑이에 낀 채 탑과 뜰을 산책해요. 또한 장미 전쟁 때 살해당한 젊은 두 왕자의 유령과 이곳에서 전투를 강요당한 동물들, 특히 곰의 유령들도 나온대요.

J. K. 롤링의 독자에게는 '영광의 손'이라고 알려진, 잘린 채 초를 들고 있는 마른 팔은 옛날 도둑들이 쓰던 진짜 부적이었어요. 위트비 박물관에서 볼 수 있어요. 이 박물관에는 또한 이 팔을 어떻게 만드는지에 대한 설명도 읽을 수 있답니다. 첫 줄인 '교수대에서 처형당한 시체의 팔을 자른다.'만 봐도 이건 흑마술이라는 것을 알 수 있어요.

위트비는 요크셔주의 항구 도시로, 무시무시함으로 따지자면 영국에서 아주 중요한 장소예요. 왜냐하면 바로 브람 스토커의 소설 《드라큘라》의 무대이기 때문이에요. 세계에서 가장 유명한 뱀파이어인 드라큘라는 루마니아에서 영국으로 건너왔어요. 폭풍에 배가 위트비 해안에서 좌초되었을 때, 배 위에는 단 한 명의 선원도 남아 있지 않았어요. 육지로 뛰어 내려온 것은 거대한 검은 개 한 마리뿐이었지요. 개의 모습을 한 드라큘라였어요. 만약 드라큘라의 야심이 이루어졌더라면, 영국은 드라큘라 천지가 되었을 거예요. 하지만 다행히 위트비에는 네덜란드 출신 의사 반 헬싱이 있었어요.

위트비는 이런 소설의 배경이 되기에 딱 맞는 장소예요. 도시를 내려다보는, 바이킹이 파괴한 고딕 양식 수도원의 음울한 잔해는 영국에서 가장 오래되고도 가장 유명한 유적 중 하나랍니다.

영국에는 유령이 아주 많아요.
많은 옛집과 펍과 성에는 이런 반투명
주민들이 살고 있어요. 캐슬쿰의 다리로는
방앗간 주인의 유령이 건너다니고,
다크 헤지스에서는 회색 여인이 산책하고,
요크셔의 히스 덤불에는 밤이면 검은
유령 개가 뛰어다녀요. 파운틴스와
틴턴의 수도원 유적에는 두건을 둘러쓴
수도사 유령들이 나타나요.

켈트족 여왕 부디카(156페이지를 보세요.)가 묻혀 있을 거라고 추정되는 장소 중 하나인 플린트셔의 곱 언덕에는 해가 지면 유령 마차를 탄 여자가 나타난다고 해요. 또한 스코틀랜드의 스털링성에서는 킬트(73페이지를 보세요.)를 입은 노인 유령을 만날 수 있어요. 관광객들은 그를 그냥 안내원이라고 생각하지만, 무언가 물어보려고 하면 공기 중으로 흩어져 버린다고 해요.

엘프 세계로 가는 문

엘프가 존재할까요? 없다고요? 영국에서 엘프가 얼마나 많이 목격되었는지 아시나요? 만약 엘프 전설과 관련이 있는 언덕과 숲, 호수와 강, 우물을 찾아보려고 한다면 영국 전역을 모두 훑어야 할 거예요. 이런 장소에 대한 안내만 500곳이 실려 있는 여행 안내서도 있어요. 이런 곳은 점점 더 늘어나고 있어요.

옛날부터 우리 세계에서 엘프 세계로 가는 통로에 대한 이야기도 많았어요. 글래스턴베리에는 그런 장소가 두 군데나 있어요. 하나는 언덕에 있는 탑인 글래스턴베리 토르예요. 전설에 따르면 이곳에서 성 콜렌이 엘프의 왕 귄을 만났어요. 다른 하나는 옛 우물을 켈트의 신들을 기리는 성전으로 만든 화이트 스프링이에요.

'요정과 함께 떠난다.' 는 말은 오늘날 영어에서 '현실 감각을 잃다.' 또는 '미쳤다.'의 의미로 쓰여요.

영국 어린이 방의 흔한 장식 중 하나는
바닥에 면한 벽에 그려 놓은 작은 문이에요.
엘프의 집으로 가는 문, 당연히 친절하고
어린 친구 엘프를 찾아가는 문이지요.
이런 문은 나무둥치에서도 볼 수 있어요.
서머셋에 있는 웨이포드 숲에서는
이 장난으로 인해 숲을 통제하는
사태까지 이르렀고, 엘프들은 숲에서
쫓겨나고 말았어요.

처음에는 문이 하나였어요. 그리고
두 번째, 세 번째 문이 생겼죠.
몇 개였다가 열 몇 개가 되었어요.
숲은 점점 더 유명해졌고, 점점 더
많은 문이 생겨났어요. 문은 200여
개로 늘어나고, 한 나무둥치에
여러 개의 문이 있을 때도 있었어요.
방송국 사람들과 관광객들이 몰려들어
블루벨을 짓밟기 일쑤였어요.
숲을 보호하려는 사람들은 결국 힘든
결정을 내렸어요. 엘프가 아예 없었던
것처럼 모든 문을 없애 버린 것이에요.
엘프들은 언젠가는 다시 돌아올까요?
아마 이제는 오지 않을 것 같아요.

하지만 옛날에는 이런 식의 장난은 좋지 않다고 생각했고, 관광객들에게 이런 장소를 방문하라고 하는 것은 미친 짓이라 여겼어요. 보통은 엘프가 사람들을 납치한다고 생각했고, 엘프로부터 도망쳐 온 사람은 아무도 알아보지 못한다고 했지요. 다른 세계의 시간은 다르게 흐르기 때문에 사람은 엘프와 단 며칠을 지내도 인간 세계로 돌아왔을 때 몇 년이 흘러 사랑했던 사람들이 이미 살아있지 않은 것이었어요. 하지만 어차피 엘프 세계에서 다시 돌아올 수 있는 사람도 거의 없었어요(78페이지를 보세요.).

엘프 세계로 가는 통로는 나무들로 표시되어 있었고, 돌길일 때도 있었어요. 엄마들은 그런 곳으로 아이들이 절대로 가지 못하게 했어요. 조심성 없이 이런 마법의 길에서 잠든 여행자들이 잠에서 깨어나 다시 발걸음을 옮길 때, 주위를 전혀 알아보지 못했다는 이야기도 많아요.

옛 전설 속 엘프들은 어떤 행동을 할지 짐작할 수 없는 위협적인 존재이지만, 19세기에 그 생각은 크게 바뀌었어요. 산업 혁명이 한가로운 영국의 시골 풍경을 너무나 바꿔 놓았기 때문에 엘프들이 떠나 버렸다거나, 곧 기계의 소음과 기차가 내뿜는 매연으로 가득한 이 세상을 떠날 거라는 말이 돌았지요. 과거에 대한 그리움은 전혀 다른 종류의 엘프를 상상하게 했어요. 날개가 달린 작고 예쁜 존재, 바로 **《피터 팬》**과 **《엄지 공주》**에 나오는 요정들이지요. 이 작은 엘프들은 전 세계 어린이들의 가슴을 울리고, 이전 엘프에 대한 인상을 거의 지워 버렸어요.

영국에서는 이 요정들을 만날 수 있을 뿐만 아니라 그 무리에 낄 수도 있어요. 글래스턴베리에서는 3월에 엘프 주간이 열리는데, 가장 중요한 행사는 가장무도회예요. 몸을 초록색으로 칠하고 열심히 차려입은 손님들은 정말로 마법의 문에서 바로 빠져나온 것처럼 보여요. 또한 콘월에서는 요정 축제인 '세 개의 소원'이 열리는데, 이 축제에 참여하는 사람은 요정과 엘프, 유니콘, **《이상한 나라의 앨리스》**에 나오는 주인공들, 인어, 마법사, 기사, 마법의 나무(160페이지를 보세요.)로 변장해요. 최근에 이 축제는 세상에서 가장 많은 사람이 유니콘으로 변장했다는 기록으로 기네스북에 올랐어요. 한번 가 보고 싶지 않나요?

암모나이트의 공동묘지

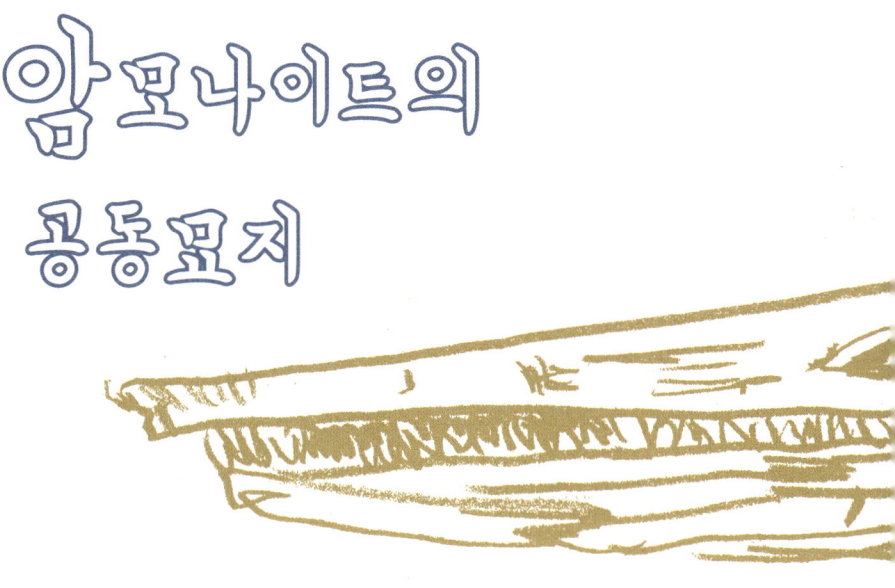

썰물 때가 되면 **라임 레지스**의 몬머스 해변은 나선형의 선들로 덮인 바닥이 드러나요. 이건 선사 시대 바다에 살던 동물 암모나이트의 흔적이에요. 마치 달팽이나 고둥을 연상시키지만 그보다 훨씬 더 커서 사람들은 오랫동안 이 선들을 돌돌 말린 뱀의 자국으로 생각했어요. 이곳의 옛 이름인 '뱀들의 공동묘지'도 그렇게 생긴 거예요.

하지만 이곳에 왜 이렇게 자국이 많은 걸까요? 왜 그렇게 모두 돌돌 말려 있었을까요? 뱀이라면 머리는 어디로 간 걸까요? 19세기에 라임 레지스에서 살던 **메리 애닝**은 이런 의문들을 가졌어요. 메리 애닝은 화석 수집가였어요. 화석 수집에 대한 열정은 목수였던 아버지에게서 물려받았지요.

이 시대에는 지구의 나이가 4천 살쯤 되었다고 생각했고, 아직 **고생물학**(지구에 살았던 생명체들을 연구하는 학문)이 나오지도 않았기 때문에 메리는 이들이 얼마나 오래된 것인지는 알 수 없었어요. 라임 레지스의 암모나이트들은 중생대에 형성된 것으로, 중생대는 약 2억 5200만 년에서 6600만 년 전이에요. 공룡의 시대라고 불리지만, 바로 이 시대에 첫 번째 포유동물과 새들도 나타났지요. 지금의 영국 지역은 이 시대 내내 바다에 잠겨 있었어요.

메리 애닝이 죽고 12년이 지난 1859년에 **찰스 다윈**은 역사적인 《**종의 기원**》을 출간하며 진화론을 발표해요. 찰스 다윈과 다른 과학자들은 먼 외국으로의 여행, 여러 조사 그리고 메리 애닝 같은 사람들의 발견 덕분에 이 지구가 지금까지의 생각보다는 훨씬 오래되었고, 수백만 년 전 지구에는 누구도 보지 못한 신기한 존재들이 살았으며 그런 이야기는 성서에도 쓰여 있지 않고 우리 자신이 발견해야 한다고 주장할 수 있었어요.

그래서 영국의 해안에는 중생대 화석이 가득해요. 아직도 발견할 것이 많이 남아 있지만, 절벽에서 바위가 떨어지는 것을 조심해야 하지요.

메리 애닝은 자신의 일이 얼마나 위험한 것인지 잘 알고 있었어요. 절벽이 무너져서 죽은 다른 화석 수집가들도 있었고, 메리 애닝이 사랑하던 개도 무너지는 절벽에 깔려 죽었어요. 평생 동안 매일 해안을 탐색하며 메리 애닝은 선사 시대 동물 화석을 알아보고 모으는 진짜 전문가가 되었어요. 이크티오사우루스와 플레시오사우루스의 화석도 메리 애닝이 처음 발견했어요. 하지만 메리는 여자였기 때문에 과학자로 인정받지 못하고, 메리의 발견에 대한 학술 논문에서도 이름이 생략되곤 했어요. 지금은 영국 최초의 여성 고생물학자로 인정받고 있어요.

베이커가 221번지 B호

19세기에서 20세기로 넘어가던 무렵, 아서 코난 도일 경이 신문에 **셜록 홈스**의 모험을 연재하던 때, 사실 베이커가에는 이 유명한 탐정이 살던 221번지 B호라는 주소는 없었어요. 이 주소를 쓰게 된 건물은 1930년대에 생겼지요. 건물이 생기자마자 셜록에게 보내는 편지들이 날아들었어요. 편지의 양이 엄청나서 당시 그곳에 입주한 건축협회 애비 내셔널은 편지에 답을 할 비서를 한 명 더 고용해야 할 지경이었어요.

베이커가 221번지 B호라는 주소판은 1990년에 237번지와 241번지 사이에 세워진 셜록 홈스 박물관에 설치되었어요. 그 후로 십 몇 년 동안 애비 내셔널과 셜록 홈스 박물관은 누가 탐정의 주소를 가질 권리가 있는지, 탐정에게 오는 편지는 누가 받을지에 대해 논쟁을 벌였어요.

셜록 홈스의 모델이 된 것은 외과 의사 조지프 벨로, 에든버러 의과 대학의 교수이자 경찰 전문가예요. 아서 코난 도일은 학창 시절에 이 교수님을 도와드렸답니다.

셜록 홈스는 가공의 인물이지만, 베이커가의 박물관에 가 보면 그 사실을 믿을 수가 없을 정도예요. 박물관 내부는 코난 도일 경의 소설 속과 똑같이 꾸며져 있어요. 여러 물건들이 가득한, 어두운 색 벽의 포근한 방에는 당시 가구들이 놓여 있어요. 이상한 실험 도구들, 쌓여 있는 책들, 바이올린, 굴뚝, 닳은 소파와 책상 위에 놓인 〈타임스〉 신문을 보고 있으면, 셜록이 앉아 있다 좀 전에 나간 것만 같아요.

이 유명한 탐정은 중편 소설 네 편과 단편 소설 쉰여섯 편에 등장하는데, 〈스트랜드 매거진〉에 연재되었던 이야기예요. 1891년 5월 6일, 스위스의 한 신문에 셜록 홈스의 죽음에 대한 기사가 실렸어요. 모리아티 교수와 스위스에서 싸우다 함께 폭포의 심연 속으로 떨어져 죽었다는 기사였어요. 바로 다음 날, 영국의 모든 신문이 이 소식을 보도했어요.

하지만 아무도 그 사실을 믿고 싶어하지 않았어요. 아서 코난 도일은 몰려드는 독자들의 요청에 굴복하여 1901년 셜록 홈스가 생전에 해결한 사건인 **《바스커빌가의 개》**를 출간했어요. 그리고 2년 후, 셜록 홈스는 티벳에서의 긴 여행을 마치고 건강한 모습으로 다시 나타났어요.

무덤까지 충실하게

다른 시대와 다른 나라에도 이런 이야기는 많지만, 충성스러운 개에 대한 가장 유명한 이야기는 19세기의 에든버러 이야기예요.

자신의 주인인 존 그레이가 죽은 1858년, 테리어 **보비**는 에든버러의 공동묘지 **그레이프라이어스**까지 따라가 그곳에서 계속 살았어요. 하루에 한 번만 지키던 자리를 떠나 근처의 펍에 밥을 먹으러 왔는데, 지금도 그 펍에는 보비의 동상이 서 있어요. 14년 후 보비가 죽자 사람들은 주인의 묘에서 멀지 않은 곳에 보비를 묻어 주었어요. 이 충성스러운 개에 대한 책과 영화도 많아요.

영국의 또 다른 유명한 개는 **질러트**로, 웨일스의 작은 시골 마을 베질러트에서 이름을 따 왔어요. 중세의 전설에 따르면 웨일스의 왕 르웰린이 어느 날 사냥에서 돌아왔을 때, 왕이 가장 좋아하던 양치기 개 질러트가 피투성이가 된 채로 왕을 맞이했어요. 왕은 엉망이 된 집 안과 아기 요람이 뒤집혀 텅 비어 있는 것을 발견했어요. 왕은 칼을 뽑아 개를 죽였으나 잠시 후 아기의 울음소리가 들려왔어요. 아기는 아무 탈 없이 무사했는데, 아기 옆 마룻바닥에는 늑대가 죽어 있었어요.

이 이야기는 너무 성급히 행동하면 안 된다는 것과 진실은 가끔 보이는 것과는 다르다는 교훈을 전해요. 그리고 개는 사람의 가장 좋은 친구라는 것도요. 그 사실은 누구나 알고 있겠지요?

그레이프라이어스의 보비나 질러트 그리고 다른 충성스러운 개들 덕분인지, 영국에는 개와 함께 출입할 수 있는 장소들이 많아요. 많은 펍과 카페, 가게 등이 개들을 환영한답니다.

셰익스피어와 글로브 극장

**익스피어**는 살아 있을 때도 시대의 영혼이라고 불렸고, 죽은 지 400년이 지난 오늘날까지 가장 뛰어난 작가로 칭송받아요. 셰익스피어가 전 세계 문화에 끼친 영향은 막대해서, '셰익스피어가 우리 모두를 지어냈다.'고 말하는 사람들까지도 있어요.

사실 셰익스피어에 대해 알려진 것은 거의 없어요. 태어난 날(4월 23일)도 그냥 정한 것일 뿐, 1564년에 태어났다는 것만 정확해요. 셰익스피어가 태어난 **스트랫퍼드어폰에이번**에 가면 그와 관련된 장소들을 방문할 수 있어요. 셰익스피어가 살았던 집, 다녔던 학교, 어머니의 농장, 부인의 친가, 딸과 사위의 집 그리고 무덤과 로열 셰익스피어 컴퍼니 극단의 본부인 극장도요.

셰익스피어가 말년을 보내고 《**템페스트**》를 쓰고 1616년에 죽을 때까지 살았던 집만이 남아 있지 않아요.

셰익스피어가 죽고 나서 100년쯤 지난 후에 이 집은 프랜시스 개스트렐이라는 사람이 샀어요. 그리고 곧 집을 산 것을 후회하기 시작했어요. 매일 팬들이 몰려들어 셰익스피어가 살았던 방과 그가 산책하던 정원, 그가 심은 뽕나무 등을 보고 싶어해서 새 주인은 미쳐 버릴 지경이었어요. 개스트렐은 일단 셰익스피어가 심은 나무를 잘라 버렸고 1759년에는 집을 토대까지 다 부숴 버렸어요. 하지만 이렇게 남은 공터를 보러 사람들은 전 세계에서 몰려들고 있어요.

셰익스피어의 무덤은 홀리 트리니티 성당에 있어요. 사람들은 이 유명한 극작가를 웨스트민스터 사원의 시인의 코너에 안치하고 싶었지만 셰익스피어는 자기가 묻힐 장소에 대해 이러한 저주로

확실히 했어요. 죽기 전에 이미 묘비석에 분명하게 새겨 놓은 것이에요. '이 비석을 그대로 남겨 놓는 이에게는 축복을, 나의 뼈를 옮기는 이에게는 저주가 있기를.'이라고요. 협박은 효과가 있어서 지금까지도 셰익스피어는 자신의 고향 마을에 묻혀 있답니다.

오늘날 우리는 하늘 아래 촛불을 밝혀 공연되는 셰익스피어의 작품을 보며 그의 시대로 돌아갈 수 있어요. 셰익스피어의 작품을 공연하던 런던의 글로브 극장('지구'라는 뜻이에요.)이 서 있던 자리에서 몇백 미터 떨어진 곳에 그 극장을 본뜬 건물이 있어요. 이곳에 처음 들어온 관객들은 무대와 관객석의 작은 규모에 놀라지만, 글로브 극장은 정말 그렇게 생겼었답니다. 삐뚤삐뚤한 모습의 천장도 없는 이 극장 건물의 지름은 30미터 밖에 되지 않아요.

잠을 수 없는 낙서쟁이

리스틀 박물관의 우아한 홀에는 이상한 조각상이 있어요. 제목은 '**페인트 폿 앤젤**'로, 머리에 더러운 물감통을 뒤집어쓰고 있는 조각상이지요. 비웃음의 대상이 되고 있는 이 조각상의 흘러내리는 물감은 약함과 굴욕을 상징해요. 누군가에게 해를 입히고, 존엄성을 손상하고, 목소리를 내지 못하게 하고, 날개를 부러뜨리는 행동이지요. 이것은 뱅크시의 작품이에요.

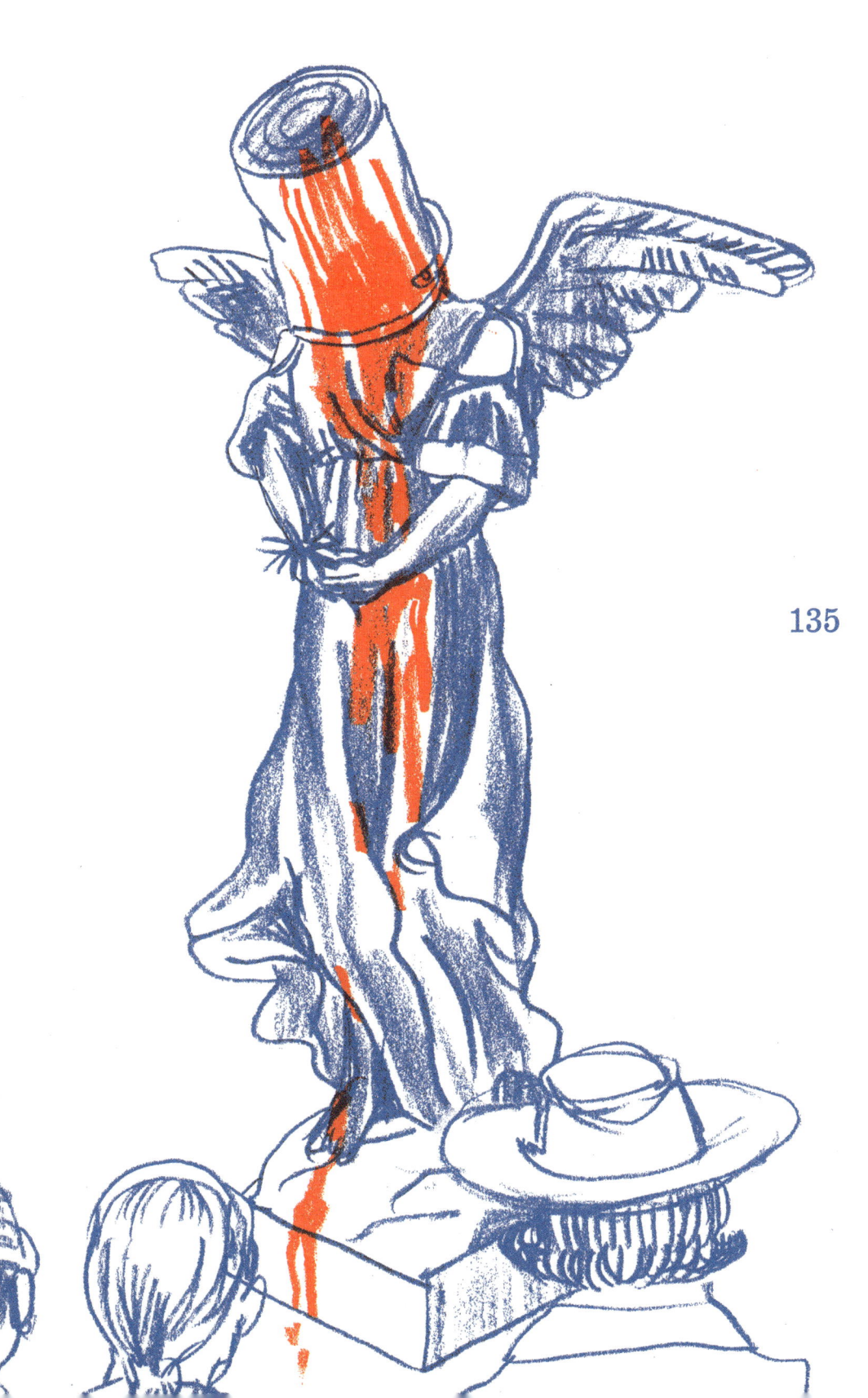

뱅크시는 거리 예술을 대표하는 예술가이자, 현대 미술 작가 중 가장 비밀에 싸여 있는 인물이에요. 진짜 이름이 무엇인지, 어떻게 생겼는지는 아무도 몰라요. 가끔 뱅크시가 누구인지 밝혀졌다는 소식이 보도되긴 하지만, 확인된 바는 없어요. 뱅크시의 낙서, 즉 그라피티는 전 세계 여러 곳에서 발견되어요. 정치적이면서도 시적이고, 사실적이면서도 동화적인 내용이지요.

뱅크시는 자신의 그라피티를 통해 전쟁과 폭력, 가난과 불평등에 반대해요. 뱅크시의 그라피티가 나타나는 것은 큰 사건이고, 관광객들과 그 지역을 흥분시켜요.

뱅크시의 첫 번째 작품은 90년대, 그가 살던 브리스틀에 나타나기 시작했어요. 나타났다가, 도시의 관리자들에 의해 지워지곤 했지요. 뱅크시는 기차에 그림을 그리다 경찰에게 거의 잡힐 뻔한 적이 있었어요. 마지막 순간에 옆에 서 있던 기름이 실린 화물 열차 아래로 겨우 숨었지요. 화물 열차 밑에 누워서 뱅크시는 형판을 이용해 그려 놓은 글자를 봤어요. 이 사건 이후 뱅크시는 공판화 기법을

사용해서 미리 판을 뚫어 놓은 후 벽에 덮고, 그 위에 스프레이를 뿌리는 방법을 생각해 냈어요. 그때만 해도 뱅크시는 자기 작품이 장차 박물관과 갤러리에 전시되고, 수백만 파운드에 거래되며 마돈나나 앤젤리나 졸리 같은 스타들이 사게 될 거라는 걸 몰랐을 거예요.

2009년 뱅크시는 너무나 유명해져, 브리스틀 박물관은 대규모의 뱅크시 특별전을 개최했어요. 바로 그 전시에 맞추어 '**페인트 폿 엔젤**'이 제작되었어요. 뱅크시는 이 전시에 직접 참여했지만 자기가 누구인지는 철저하게 비밀에 부쳤기 때문에, 박물관에서 일하고 있는 사람 중에 도대체 누가 뱅크시인지는 아무도 알 수 없었어요.

네스호의 괴물

아직도 공룡이 남아 있는 곳이 있다면 어디일까요? 과학자들은 그럴 리 없다고 말해요(그리고 이성적으로 생각해도 그게 맞아요.), 하지만 1933년 영국 **네스호**에서 공룡을 봤다는 소식이 전해졌을 때 이 사실을 믿었던 사람은 아주 많았어요.

사실이든 아니든, 스코틀랜드의 이 호수는 정말 알려지지 않은 거대한 동물이 살고 있을 수도 있어 보여요. 네스호의 너비는 1.5 킬로미터이고 길이는 37킬로미터 그리고 가장 깊은 곳의 수심은 260미터나 되어요. 토탄 때문에 매우 어두워, 수면 아래로 9미터만 내려가도 아무것도 보이지 않아요. 이 거대한 호수에는 잉글랜드와 웨일스에

만약 네스호에서 괴물을 목격하게 되면 lochnesssightings.com에 신고할 수 있어요. 여기에는 565년부터 지금까지 1100건이 넘는 네시(이곳에 사는 괴물에 붙인 귀여운 이름이에요.) 목격담이 기록되어 있답니다.

있는 모든 호수의 물을 두 차례나 담을 수 있고, 그 물을 모두 쏟았을 때는 잉글랜드와 웨일스 전체를 10센티미터 두께로 덮을 수 있어요.

네스호의 이상한 생명체는 몇 세기 동안이나 목격되어 왔어요. 가장 오래된 기록은 565년인데 성 골롬바노가 십자가를 휘둘러 어부에게 접근하는 거대한 괴물을 쫓았다는 사건이에요. 이 호수에 살고 있는 비밀스러운 괴물에 대한 이야기는 잦아들지 않았지만, 1933년 신문에 공룡 목격담이 실리고, 1년 후 호수 위에 길게 튀어나온 목의 사진이 발표되자 그야말로 난리가 났어요. 1990년대에 이르러 이 유명한 사진이 가짜라는 것이 들통났지만, 네스호에 괴물이 살고 있다는 믿음은 아직도 계속되고 있어요.

해리 포터의 마법 세계

호그와트 마법 학교와 **마법 세계**는 어디 있을까요? 그건 알 수가 없어요. 어떤 지도에도 나와 있지 않으니까요. 하지만 호그와트로 가는 기차가 글렌피난 철교를 건너가는 것을 보면 스코틀랜드 북부 어딘가에 있다고 짐작할 수 있어요.

또한 런던의 킹스크로스 역 9와 4분의 3 승강장 역시 오랫동안 감춰져 있었지요. **J. K. 롤링**의 수많은 팬들이 이 승강장을 찾으려고 헛되이 노력했지만요. 결국은 9번과 10번 승강장에 너무 많은 사람이 몰려드는 것을 보고 킹스크로스 역 측은 다른 곳에 미끼를 던지기로 했어요. 《**해리 포터**》의 팬들을 위해 특별히 여행 가방이 놓인 수레를 벽 속으로 사라지도록 설치하고 그 위에 '9 3/4 승강장'이라는 표지판을 붙인 거예요. 이곳은 기념 사진을 찍으려는 사람들로 하루 종일 북적인답니다.

영화 〈해리 포터〉의 촬영지는 영국에서 가장 관광객들에게 인기 있는 곳이 되었어요. 몇 년 전부터 전 세계에서 몰려든 관광객들이 하트퍼드셔의 촬영장을 찾고 있어요. 2012년에 개장한 '**해리 포터를 만들며**' 전시장을 방문하는 사람은 하루에 6천 명이나 된답니다. 여기에서는 무대와 소품, 각각의 에피소드에 나오는 의상을 구경할 수도 있고, 촬영 장소에 들어가 볼 수도 있어요. 마법 장터 다이애건 앨리를 걷고 호그와트의 커다란 홀을 들여다보고 9와 4분의 3 승강장의 빨간 기관차와 나이트 버스, 덤블도어의 방과 그리핀도르 기숙사, 더즐리 집과 해리의 고향 집도 볼 수 있어요.

물론 모든 장면이 스튜디오에서 촬영된 것은 아니에요. 해리 포터 영화에 나오는 많은 장면은 진짜 대성당들과 성, 시골과 거리, 다리와 역에서 찍었어요. 호그와트의 내부로 쓰인 것은 글로스터와 더럼의 아름다운 중세 대성당들이에요. 호그와트 학교의 강당은 옥스퍼드 크라이스트처치 칼리지의 식당을 보고 만들었는데, 진짜 건물 역시 정말 인상적이에요. 도서관과 호그와트 병원 장면은 옥스퍼드의 보들레이안 도서관에서 찍었고, 뉴 칼리지에서는 **〈해리 포터와 불의 잔〉**을 촬영했답니다.

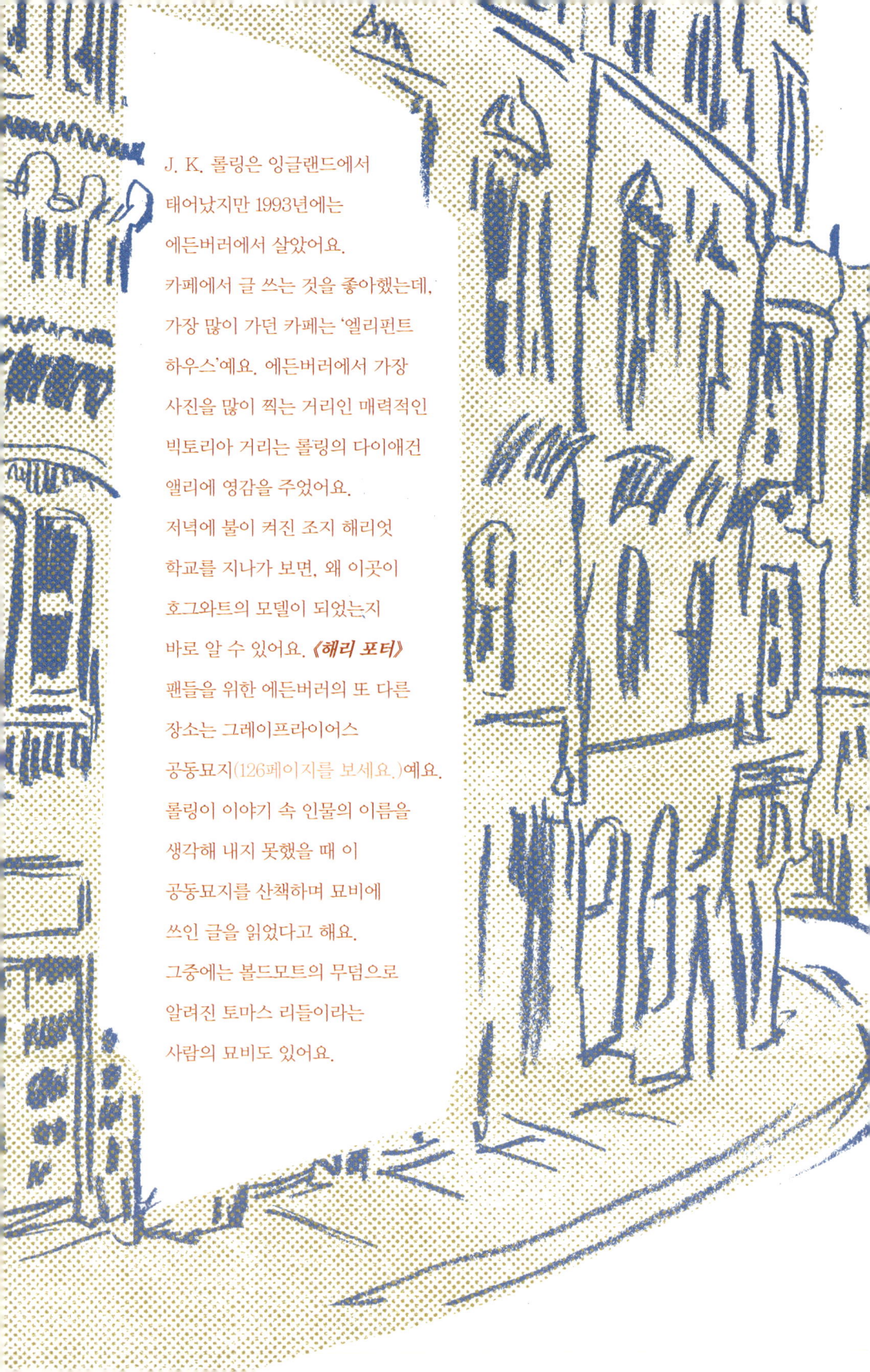

J. K. 롤링은 잉글랜드에서 태어났지만 1993년에는 에든버러에서 살았어요. 카페에서 글 쓰는 것을 좋아했는데, 가장 많이 가던 카페는 '엘리펀트 하우스'예요. 에든버러에서 가장 사진을 많이 찍는 거리인 매력적인 빅토리아 거리는 롤링의 다이애건 앨리에 영감을 주었어요. 저녁에 불이 켜진 조지 해리엇 학교를 지나가 보면, 왜 이곳이 호그와트의 모델이 되었는지 바로 알 수 있어요. 《해리 포터》 팬들을 위한 에든버러의 또 다른 장소는 그레이프라이어스 공동묘지(126페이지를 보세요.)예요. 롤링이 이야기 속 인물의 이름을 생각해 내지 못했을 때 이 공동묘지를 산책하며 묘비에 쓰인 글을 읽었다고 해요. 그중에는 볼드모트의 무덤으로 알려진 토마스 리들이라는 사람의 묘비도 있어요.

영화 〈해리 포터〉 촬영지 목록은 아직도 길답니다. 잉글랜드 북쪽 고스랜드의 작은 기차역은 첫 번째 편에서 호그스미드 역으로 쓰였어요. 라콕 수도원에서는 마법의 물약 수업 장면과 스네이프 교수의 방, 마법의 거울 장면을 촬영했고요. 호그와트를 산책하려면 안윅성으로 가 보세요. 또한 르네상스 시대의 궁전인 하드윅 홀은 말포이가의 집과 죽음을 먹는 자들의 집결지로도 나와요. 이 장소들은 대부분 영화에 나오는 것과 똑같이 생겼어요.

불꽃놀이와 팬케이크

영국에는 특유의 축제와 놀이, 전통이 많아요. 매년 템스강의 백조 세기(38페이지를 보세요.)나 가파른 언덕에서 굴러떨어지는 치즈 잡기(32페이지를 보세요.)처럼요. 하지만 가장 유명한 것은 핼러윈(166페이지를 보세요.), 팬케이크 데이 그리고 불꽃놀이의 밤이에요.

불꽃놀이의 밤은 가이 포크스의 밤이라고도 하는데, 영국 의회를 폭파하려는 음모를 밝혀낸 것을 기념하기 위해 11월 5일에 정말 말 그대로 아주 떠들썩하게 치르는 축제예요. 가톨릭과 개신교가 갈등을 빚던 17세기 초에, 음모에 가담한 일부 가톨릭 신자들이 국회의사당 아래 화약 서른여섯 통을 설치했어요. 개신교 신자인 왕과 국회의원들과 함께 국회의사당을 날려 버리려고 했던 거예요. 만약 음모가 밝혀지지 않았더라면 폭발로 인해 웨스트민스터 사원을 포함해 근처 500미터 안의 모든 것이 파괴됐을 거예요.

이 사건을 기념하기 위해 불꽃놀이와 불놀이를 하는데, 요즘은
이 음모의 주동자인 가이 포크스의 허수아비를 불태우는 일은
드물어졌어요.

크리스트교의 사순절 전날은 비공식적으로 **팬케이크 데이**라고
불리는데, 미국의 마디 그라스 축제와 폴란드의 기름진 목요일에
해당해요. 날짜는 매년 변하는데, 재의 수요일 전 화요일이에요.
이날은 집집마다 팬케이크를 굽고, 프라이팬을 들고 달리는
경주가 벌어지는 곳도 많아요. 결승점에
도달하기 전 팬케이크를 몇 번 던져
뒤집어야 한답니다.

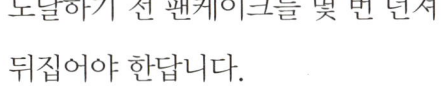

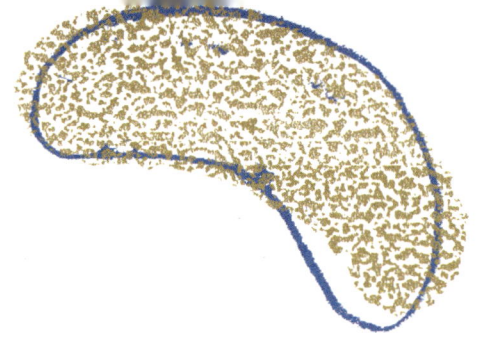

이건 부엌에서도 쉽지 않은 기술인데 달리면서 하다니요!
이 축제는 15세기에 버킹엄셔에서 한 주부가 바쁘게 팬케이크를 굽다가 미사를 알리는 종소리를 듣고는 프라이팬을 손에 든 채 뛰어나온 것에서 비롯되었답니다.

거대한 벽

로마 시대의 가장 큰 건축물은 어디에 있을까요? 네, 맞아요! 영국에 있어요. 정확히 말하면 잉글랜드 북쪽이에요. 바로 로마 제국의 경계선을 표시하기 위해 바다에서 바다까지 쌓아 놓은 돌벽이에요.

잉글랜드 서쪽 해안에서 동쪽 해안까지 가로지르는 이 방벽은 하드리아누스 황제의 명으로 2세기에 건설되었어요. 북쪽의 호전적인 부족들의 침입을 막으려는 목적이었지요. 벽은 사명을 다했어요. 250년 동안 스코틀랜드의 픽트족은 이 벽을 딱 네 번 넘어왔고, 일부만 파괴했어요.

하드리아누스 방벽은 길이가 150킬로미터가 넘고, 폭은 2미터, 높이는 5미터나 돼요. 이 위에는 156개의 감시탑이 있고, 방벽을 따라 일흔아홉 개의 초소와 로마군이 주둔하던 열여섯 개의 커다란 요새가 있었어요. 방벽 양쪽으로는 깊은 구덩이를 파, 공격하기는 더욱더 힘들었어요. 9천 명에서 1만 2천 명에 이르는 병사들이 언제나 이 벽을 지키고 있었지요.

별 보기를 좋아하나요? 하드리아누스 방벽 가운데 부분에 있는 노섬벌랜드의 밤하늘공원은 유럽에서 인공적인 불빛이 닿지 않는 가장 커다란 지역이에요. 초승달이 떠오르기 전, 달이 거의 보이지 않는 시기가 있는데, 그때는 맨눈으로도 수백만 개의 별과 은하수, 안드로메다 은하까지 관찰할 수 있어요.

로마 제국이 멸망한 후 이 방어벽은 무너지기 시작했어요. 여기서 나온 돌들은 도시와 교회, 길을 건설하는 데 쓰였어요. 하지만 1600년 동안 이 벽을 건축 재료처럼 썼는데도 불구하고 벽의 대부분이 아직도 남아 있어요.

하드리아누스 방벽을 따라서 걷는 길도 있는데, 이 길을 따라 걸으면 영국 한쪽 해안에서 다른 쪽까지 가로지를 수 있어요. 그렇게 걷는 데에는 1주일 정도 걸려요. 언덕의 황무지와 아름다운 풍경을 좋아하는 사람들에게 가장 멋진 곳은 가운데 구간이에요. 가장 유명한 풍경은 시커모어 단풍나무가 서 있는 계곡인 **시커모어 갭**이지요.

만약 시간이 없다면 전체 구간을 다 걸어서 돌파할 필요는 없어요. 하드리아누스 방벽을 따라서 AD 122(서기 122년이라는 뜻으로, 이 벽의 건설이 시작된 해예요.)라는 번호의 버스가 다니며 요새 유적지나 로마군 박물관 등 중요한 지점마다 사람들을 내려 주거든요.

하드리아누스 방벽 옆에는 '로빈 후드 나무' (96페이지를 보세요.)도 자라고 있어요. 이 나무는 이 로마 시대 벽의 상징이 되었는데, 왜냐하면 거의 방벽 전체의 한 가운데에 있는 아주 아름다운 장소에서 자라고 있거든요.

용맹한 여왕

런던의 한복판, 템스강 기슭 웨스트민스터 다리 앞에 특별한 동상이 서 있어요. 달리는 두 마리의 말이 커다란 검은 마차를 끌고 있지요. 마차를 모는 것은 창을 든 여인이에요. 여인의 발밑에는 겁에 질린 눈길로 앞을 바라보는 두 명의 여자가 있어요. 이들이 싸우러 간다고 짐작할 수 있겠지요? 하지만 누구와, 왜 싸우는 것일까요?

마차 위에 있는 여자는 이케니 부족의 왕비 **부디카**예요. 켈트족의 일파인 이케니 부족은 로마 제국이 점령한 영국 동쪽 지역에 살았는데, 부족의 왕인 프라수타구스는 로마인들을 물리칠 수 없다는 것을 알고 그들과 평화 조약을 맺었어요.

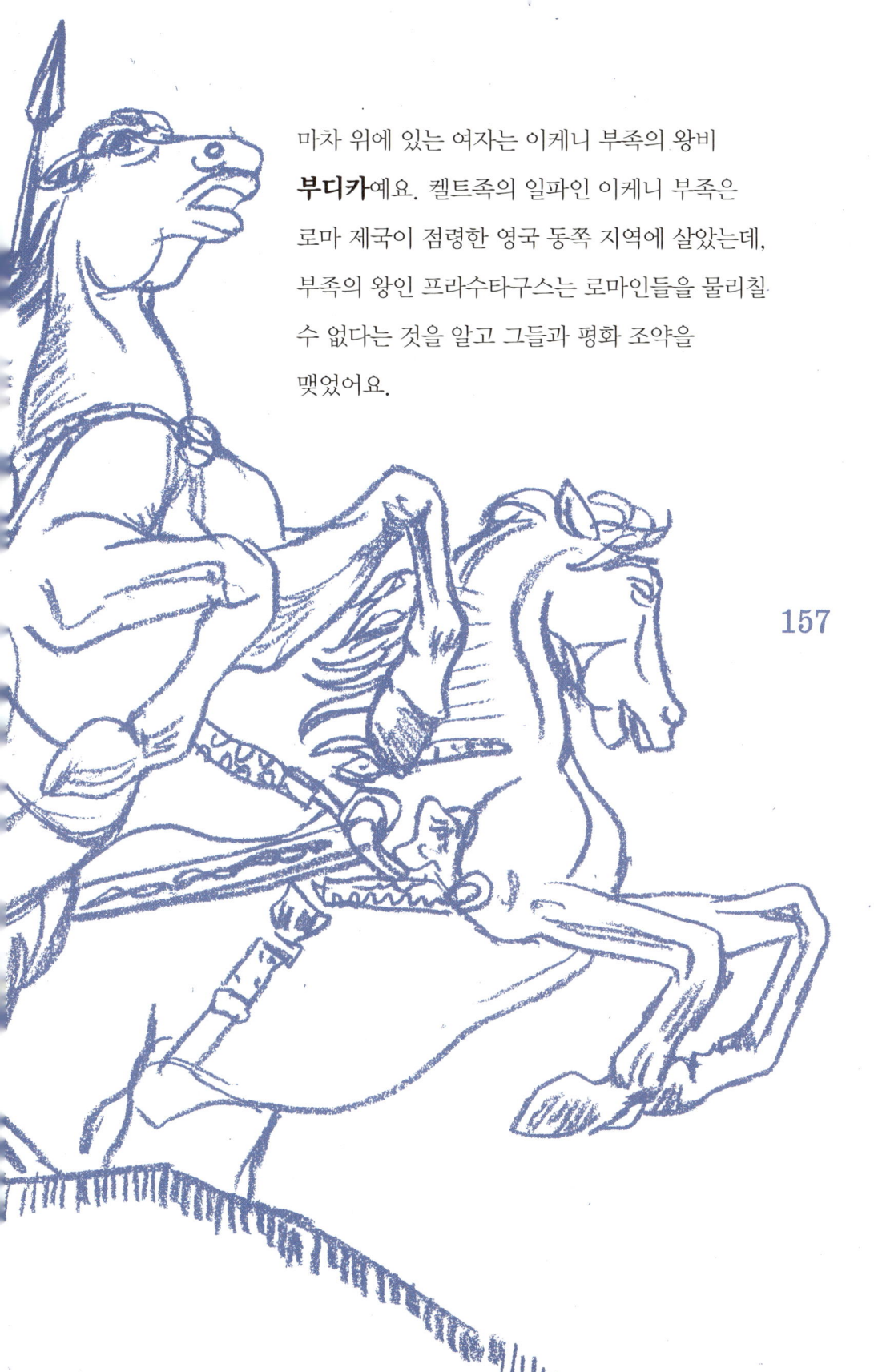

켈트족은 양성 평등한 사회였어요. 여자는 자기 재산을 가지고 있었고, 누구와 결혼을 할지, 사제가 될지 정할 수도 있었고, 무기를 들어야 할 때는 남자와 어깨를 맞대고 함께 싸웠어요. 그래서 프라수타구스왕은 죽을 때 왕국의 반은 네로 황제에게, 나머지 반은 10대였던 자신의 딸들에게 남겼어요. 딸들이 성인이 될 때까지 이케니 부족은 부디카가 다스리기로 되어 있었어요.

로마인들은 여자가 나라를 다스린다는 사실이 못마땅했고, 프라수타구스왕의 유언을 존중하지 않았어요. 로마법에 따르면 여자는 권력과 땅을 가질 수 없었거든요. 로마인들은 이케니 부족을 침략했어요. 집에서 사람들을 내쫓고 약탈을 했지요. 부디카는 저항했지만 사람들 앞에서 제압당하고 말았어요. 이 사건이 **부디카의 반란**을 이끌어 냈어요. 로마에 저항하는 켈트족의 가장 큰 항쟁이었지요.

이케니의 여왕 앞에 집결한 10만 대군의 반은 여자였어요. 이들은 로마 제국의 도시 세 개를 정복해 폐허로 만들었어요. 런던 한복판, 보도에서 4미터 아래에 아직도 고고학자들이 부디카층이라고 부르는 붉은 토층이 남아 있어요. 이는 타 버린 론디니움, 즉 로마 제국 시대 런던의 흔적이에요.

부디카의 반란은 실패로 끝났어요. 부디카가 어디서 어떤 죽음을 맞이했는지는 알려지지 않았어요. 한때는 스톤헨지(160페이지를 보세요.)를 부디카의 무덤이라고 여기기도 했고, 지금 런던의 킹스크로스 역이 있는 자리에 무덤이 있었다는 말도 있었어요. 하지만 가장 신빙성이 있는 것은 부디카가 마지막으로 패배한 전투 장소에서 죽었다는 설이에요. 역사학자들은 이곳이 현재의 노샘프턴이나 워릭일 거라고 추정하지만, 용맹한 여왕의 유령은 다른 곳에서 목격되고 있어요(106페이지를 보세요.).

돌로 만든 원들

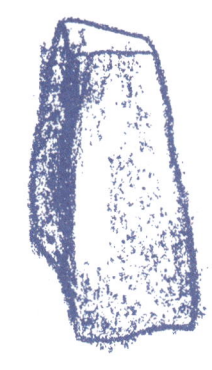

돌로 만든 원 유적들은 북서 유럽에서 살던 선사 시대인들의 가장 수수께끼 같은 유적이에요. 보통 생각과는 달리, 이 유적을 만든 것은 켈트족 사제 드루이드들이 아니에요. 훨씬 오래되었거든요. 이 유적은 기원전 3300년에서 990년 사이, 켈트족이 영국에 오기도 전에 건설되었어요. 이런 원은 영국, 아일랜드 그리고 브리타니 지역에 4천 개나 있었던 것으로 추정되어요. 지금까지 남아 있는 것은 1303개인데, 그중 508개가 스코틀랜드에, 316개가 잉글랜드에, 187개가 아일랜드에 그리고 81개가 웨일스에 있어요.

이 중 가장 유명한 것이 스톤헨지로, 지금까지도 그 육중한 규모로 사람들을 압도해요. 이곳에 대해서 켈트인들과 로마인들이 뭐라고 말했는지, 어떤 이름을 붙였는지는 알 수 없지만, 앵글로·색슨족이 스톤헨지라고 이름을 붙였을 때 이곳은 분명 음침하고 불길한 장소였을 거예요. 옛 영어로 **스톤헨지**는

'교수대'를 뜻하니까요. 중세 역사가인 몬머스의 제프리는 마법사 멀린이 아서왕의 무덤을 만들기 위해 이 돌들을 아일랜드로부터 날라 왔다고 썼어요(64페이지를 보세요.). 오늘날 우리는 스톤헨지를 이루고 있는 돌이 아일랜드 돌이 아니고, 웨일스 돌이라는 것은 알고 있지만, 어떻게 이렇게 멀리 이 돌을 날라 왔는지는 아직도 알 수 없어요.

돌로 만든 이 원은 무슨 역할을 했을까요? 그것 또한 잘 알 수 없어요. 아마도 묘지이거나 아니면 영혼이나 신들을 위한 장소를 표시하는 역할을 했을 거예요.

스톤헨지는 하지와 동지 때 태양의 위치를 고려하여 만들어졌어요. 하지는 1년 중 해가 가장 긴 날로, 전 세계 여러 문화권에서 이날을 축하해 왔어요. 영국에서는 이날 수천 명이 돌로 만든 원 유적지들로 모이는데, 스톤헨지에 와서 밤을 보내고 새벽에 해맞이를 하는 사람이 가장 많아요.

그리고 물론 돌로 만든 원과 관련한 희한한 얘기들도 많아요. 가끔은 돌들이 스스로 자기 자리를 벗어나 물을 마시러 강가에 간다든가 아니면 이 돌을 세어 보려고 하면 셀 때마다 다른 결과가 나온다든가 하는 것이지요. 레이크 디스트릭트의 **캐슬리그**도 유명한 돌로 만든 원이에요.

이 '셀 수 없는' 거석들은 또한 사람이 돌로 변한 것이라는 이야기도 있어요. 롤라이트 스톤스의 '**왕의 부하들**', 더비셔의 '**아홉 여인들**', 컴브리아의 '**커다란 메그와 딸들**'처럼요. 하지만 사람들은 이 돌로 된 원 안에 다른 세계로 가는 문이 있다는 이야기를 가장 많이 믿는답니다(112페이지를 보세요.).

돌로 된 원 중 가장 큰 것은 에이브베리에 있어요. 너무 커서 그 안에 교회가 있는 작은 시골 마을과 공동묘지, 펍과 양들이 풀을 뜯는 들판이 다 들어가요. 돌로 된 원 근처의 작은 언덕에는 네 그루의 너도밤나무가 자라고 있는데 《호빗》과 《반지의 제왕》을 쓴 톨킨이 그 나무 아래 앉아 있는 걸 좋아했대요. 《반지의 제왕》에 나오는 걸어 다니는 나무 괴물 '엔트'는 아마 이 너도밤나무들에게 영감을 받았을 거예요.

에이브베리의 너도밤나무들은 정말 걸어 다닐 수 있을 것처럼 생겼어요. 어쩌면 아무도 보고 있지 않을 때 정말 걸어 다닐지도 몰라요. 이 나무들의 구불구불한 뿌리와 낮은 가지 들에 사람들은 색색의 리본을 묶어 놓았어요. 이 리본들에는 쪽지도 붙어 있어요. 비로 씻겨 나간 수많은 단어 가운데에는 **'감사합니다'**가 가장 많아요. 나무의 정령들에게 감사하는 카드랍니다.

빛나는 호박들

**러윈**이 미국에서 유럽으로 온 것이라고 생각했나요?
그 반대예요!

핼러윈의 역사는 3천 년은 돼요. 옛날 영국에는 **삼하인**, 한 해의 끝이라는 축제가 있었어요. 켈트족의 달력에서 가장 중요한 날 중 하나였지요. 10월 31일, 그러니까 켈트족 달력으로 새해가 시작되기 바로 전날 밤이었어요. 켈트족의 사제인 드루이드들은 이때 성스러운 불을 피워 영혼들과 신들을 초대했어요. 그리고

동물을 제물로 바치며 겨울 동안 잘 보살펴 달라고 부탁하고, 내년에 어떤 일이 일어날지 점을 쳤어요.

삼하인은 모든 사람, 즉 죽은 사람과 산 사람 모두가 참여하는 축제였어요. 켈트족은 1년 중 하루, 바로 이날 밤에는 저 세상과 이 세상을 가르는 장벽이 흐릿해져 영혼들이 땅으로 돌아올 수 있다고 믿었어요. 그래서 영혼들을 위해 대문 앞에 음식을 차려 놓고, 마을에 영혼들이 찾아올 수 있도록 불을 밝혔어요. 하지만 영혼을 두려워하는 마음이 없지는 않았어요. 그래서 가면과 복장을 통해 무서운 유령과 비슷하게 보이려고 하는 동시에 이런 방법으로 그들을 피하려고 했어요.

몇 세기가 지난 후 한 교황이 이 오래된 축제에 크리스트교적 성격을 부여하기 위해 11월 1일을 모든 성인의 날로 지정했어요. 그 전날인 삼하인은 핼러윈('모든 성인의 날 전날'이라는 뜻이에요.)이라고 이름이 바뀌었지만, 오늘날까지도 크리스트교보다는 오래된 켈트족의 신앙과 더 관련이 깊어요.

19세기에 핼러윈은 아일랜드와 스코틀랜드의 이주자들과 함께 미국으로 건너갔어요. 무로 만든 작은 등이 미국에서는 호박 등으로 변하고, 유령들의 축제날은 미국 오락 산업에서

큰 부분을 차지하게 되었어요.

영국 어린이들에게 핼러윈은 어린이날과 같아요(영국에는 어린이날이 없거든요.). 어른들은 호박 등을 만들고, 집을 거미줄로 장식하고 마녀나 유령 변장을 해요. 하지만 모두가 이 축제를 좋아하는 것은 아니에요. 문을 두드리고 "Trick or treat?" 하고 외쳐 보면 그 사실을 바로 알 수 있을 거예요. 핼러윈 장식을 해 놓은 집, 창문에서 호박 등이 빛나는 집에서는 사탕을 얻을 수 있어요.

비밀의 화원

잉글랜드는 전 세계에서 가장 아름다운 정원들과 자연공원으로 유명해요. 재미있는 것은, 이게 공원인지 정원인지 잘 알 수 없을 때도 많다는 사실이에요. 저 완만한 언덕과 나무들 사이의 예쁜 호수는 자연적으로 생겨난 걸까요?

어쩌면 우리는 마치 자연의 한 조각처럼 보이는 '**영국식 정원**'에 있는 걸 거예요. 영국식 정원 가운데 월트셔의 스타우어헤드 가든과 배스 근처의 프라이어 파크, 요크셔의 스터들리 파크가 가장 유명해요. 하지만 볼 만한 정원은 이 외에도 아주 많답니다.

영국의 정원 중 가장 잘 알려진 것은 90년대에 복원된 콘월의 '**헬리건의 잃어버린 정원**'으로, 80년 동안이나 잊힌 채 버려졌던 정원이에요.

19세기에서 20세기로 넘어오던 무렵 전 세계에서 가져온 식물이 가득했던 이 넓은 땅에는 상시 고용된 정원사만 스물두 명이나 되었어요. 제1차 세계 대전이 터지자 모두 전장으로 나가고, 전쟁이 끝난 후에는 다시 돌아오지 않았지요.

건물과 온실, 정원에 난 길은 무성히 자라난 관목과 넝쿨로 점점 덮여 갔어요. 1990년 두 사람이 이 정원에 들어오려 했을 때는 손도끼로 길을 내야만 했을 정도로요.

콘월의 미기후 덕분에 이곳에서는 뉴질랜드에서 온 야자수, 바나나나무, 나무고사리들과, 19세기에 히말라야에서 가져온 백 년 묵은 철쭉 로도덴드론과 동백나무가 야외에서 자라고 있어요. 또한 흙과 식물을 이용해서 만든 희한한 조각들도 볼 수 있는데, 깊은 잠에 빠진 '**클레이 레이디**'도 있어요.

헬리건의 잃어버린 정원에서 멀지 않은 곳에는 또 다른 유명한 정원이 있어요. 바로 '에덴 프로젝트'예요. 멀리서 보면 마치 우주선 같은 거대한 돔 안에 여러 기후대의 식물에게 적합한 환경들이 만들어져 있어요. 지중해성 기후대에서는 올리브 숲과 레몬 나무들이 자라고, 열대 기후대에서는 쌀과 바닐라, 커피, 카카오나무, 바나나나무 그리고 무엇보다 세계에서 가장 큰 온실 속 숲을 볼 수 있어요. 이곳을 방문하는 사람들은 좁은 하늘 다리를 건널 수도 있어요. 구름과 열대의 스콜 그리고 가장 높은 두 나무 사이에 걸려 있는 23미터짜리 다리를 체험할 수 있지요.

영어를 배워 볼까요?

thank you (땡큐) – 감사합니다.(매우 자주 쓰여요)

you're welcome (유어 웰컴) – 천만에요.('감사합니다'에 대한 답)

there / there you are (데얼 유 아) – 여기 있어요.
(무언가를 누구에게 건네줄 때)

please (플리즈) – 부탁해요.(부탁할 때)

excuse me (익스큐즈 미) – 실례합니다.(무언가를 물어볼 때)

I'm sorry (아임 쏘리) – 죄송해요, 미안해요.

it's OK / don't worry about it (잇츠 오케이/ 돈 워리 어바웃 잇) – 괜찮아요, 별일 아니에요, 걱정 말아요.

Do you speak English? (두 유 스피크 잉글리시) – 영어 하시나요?

What's your name? (왓츠 유어 네임) – 이름이 뭐예요?

My name is... (마이 네임 이즈) – 제 이름은······

Where are you from? (웨얼 아유 프롬) – 어디서 왔나요?

I'm Korean. (아임 코리언) – 저는 한국 사람입니다.

Great! (그레이트) – 좋아!

I don't understand. (아이 돈 언더스탠드) – 모르겠어요.

What's up? (왓츠 업) – 무슨 일이야?

Fancy a cup of tea? (팬시 어 컵 오브 티) – 차 한 잔

마실래요?

How much is it? (하우 머치 이즈 잇) – 얼마인가요?

Excuse me, where's the bathroom? (익스큐즈 미, 웨얼스 더 배쓰룸) – 죄송합니다만, 화장실은 어디에 있어요?

I'm lost. (아임 로스트) – 길을 잃었어요.

Help! (헬프) – 도와주세요!

Can I help you? (캔 아이 헬프 유) – 도와드릴까요?

Help yourself. (헬프 유어셀프) – 드세요.

How are you? (하우 아 유)

– 어떻게 지내?

Fine, thanks. And you? (파인, 땡스. 앤드 유)

– 좋아, 고마워. 너는?

Very well, thank you.

(베리 웰. 땡큐) – 잘 지내, 고마워.

Excuse me, which way to the train station?
(익스큐즈 미, 위치 웨이 투 더 트레인 스테이션)

– 죄송합니다만, 기차역은 어느 방향인가요?

One return ticket to London, please.
(원 리턴 티켓 투 런던, 플리즈)

– 런던까지 왕복표 한 장 부탁합니다.

Nice day, isn't it? (나이스 데이, 이즌 잇)

– 좋은 날이야, 그렇지?

Oh yes, it's lovely.
(오 예스, 잇츠 러블리)

– 응, 날씨가 참 좋네.

차 한 잔

진한 홍차 한 잔을 우려요. 우유를 넣고,
설탕을 넣어요. 저으면 완성.

잉글리시 브랙퍼스트, 영국식 아침 식사

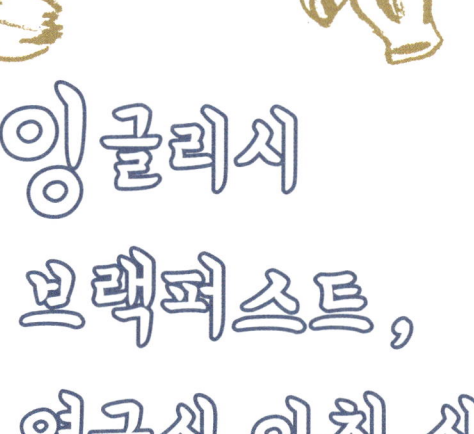

전통적인 영국식 아침 식사는 달걀프라이, 구운 소시지, 구운 베이컨, 구운 버섯, 구운 토마토와 토스트예요. 이 모든 재료는 커다란 프라이팬 하나에 만들 수 있지요. 채식주의자는 어떻게 하냐고요? 웨이터의 표정을 보기 위해서라도 이런 질문을 던져 볼 수는 있을 거예요. 그러면 콩으로 만든 소시지와 베이컨 대신 삼각형으로 썬 치즈가 나올 거예요.

완전한 영국식 아침 식사가 너무 많거나 시간에 쫓길 때라면, 토스트에 얹은 베이크드 빈스를 만들어 보세요. 깡통에 든 베이크드 빈스를 프라이팬이나 냄비에 데워요. 콩을 접시에 담거나 마가린을 바른 토스트 위에 얹어요. 차와 함께 먹으면 된답니다. 그 위에 잘게 자른 치즈를 뿌리는 사치를 부릴 수도 있어요. 하지만 치즈는 꼭 체다 치즈여야 해요.

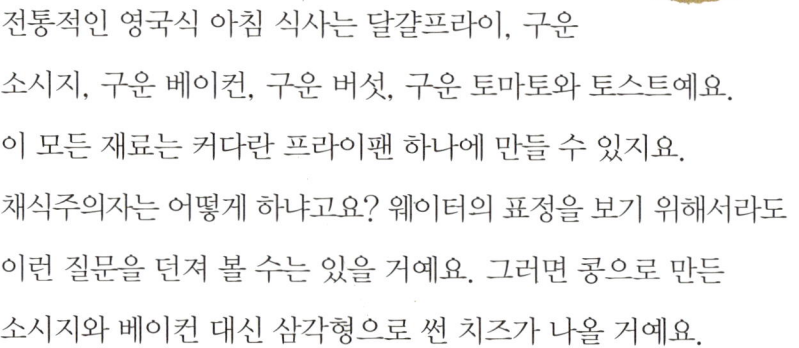

피시 앤 칩스, 생선 살과 감자튀김 요리

최고의 피시 앤 칩스 요리법을 찾는다고요? 튀김집에 가서 생선과 감자튀김 요리를 포장해요. 바다가 보이는 긴 의자에 앉아요. 보슬비가 뿌려도 상관할 거 없어요. 맛있게 먹고, 손가락을 빨고 바닷바람을 들이마셔요. 단, 갈매기만 조심하세요! 손에서 먹을 것을 채 가기 일쑤니까요.

웰시 케이크, 웨일스의 전통 과자

재료 (15개 분량)
밀가루 220그램
버터 50그램
동물성 기름 50그램
설탕 75그램
베이킹파우더 1숟가락
우유 2숟가락
풀어서 휘저은 달걀 1개
건포도 50그램

재료 모두를 양푼에 섞어요. 건포도를 뿌려요. 엄지손가락 마디 하나 정도 두께로 밀가루를 뿌린 판 위에서 밀대로 밀어요. 유리컵으로 찍어 동그랗게 잘라 내요. 프라이팬 위에 양쪽을 3분씩, 갈색이 될 때까지 구워요. 아직 따뜻할 때, 건포도에 혀를 델 것 같을 때 먹는 것이 가장 맛있어요.

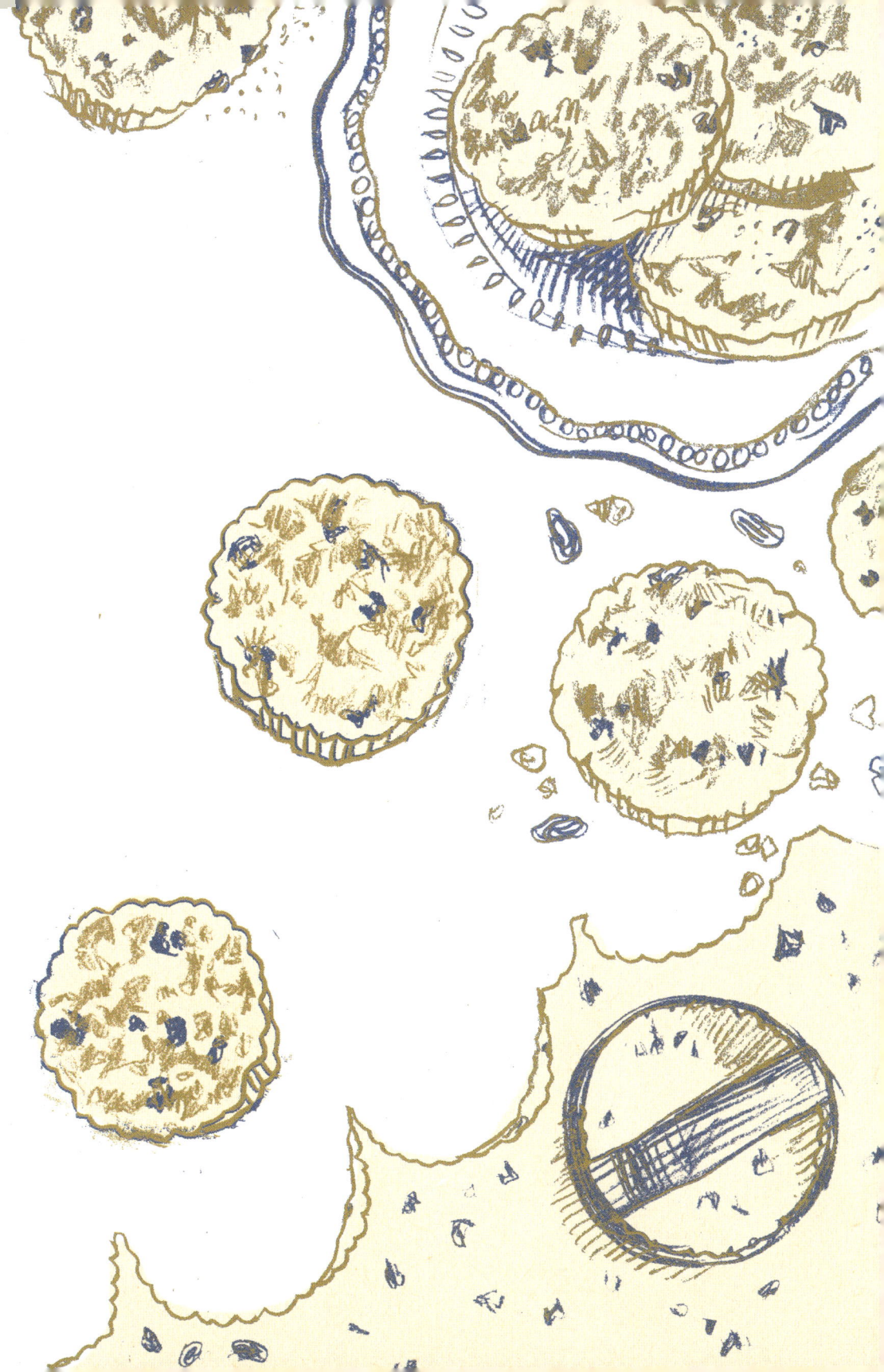

크럼블, 소보로 속의 과일 케이크

재료

딱딱하고 신 사과(자두 열댓 개, 두 개의 사과와 산딸기 한 줌, 아니면 루바브 줄기로 대체 가능)
밀가루 300그램(오트밀로 대체 가능)
설탕 3숟가락 가득
버터 200그램
휘핑크림

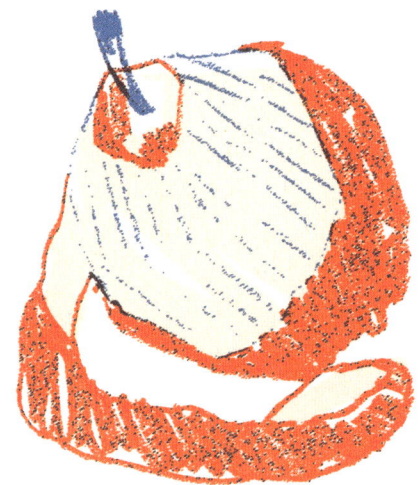

깨끗이 씻은 사과를 껍질째 2센티미터로 깍둑썰기 한 후
바닥을 버터로 칠한 빵틀 안에 넣어요. 차가운 버터를 썬
것과 설탕, 밀가루(밀가루는 오트밀이나 밀가루 150그램과
오트밀 150그램 섞은 것으로 대체 가능)와 함께 섞어요.
소보로는 부드러워야 하고, 손으로 만졌을 때 버터 덩어리가
남아 있어야 해요. 이렇게 만든 소보로를 과일 위에 완전히 덮일
만큼 뿌려요. 180도로 달군 오븐에서 35분 동안, 소보로가
타지 않을 만큼 구워요. 아직 뜨거울 때 숟가락으로
떠서 휘핑크림과 함께 내요.

들어가는 말	5
여러 문화가 섞인 섬	14
영어 할 줄 아나요?	18
밀물과 썰물	22
하늘에서 볼 수 있는 말	26
푸른 풀밭	32
여왕의 백조	38
영국의 괴짜들	46
까마귀 성	52
대학들의 경주	60
아서왕의 발자취	64
유럽 대파와 수선화	68
킬트와 클란	73
엄지손가락과 자이언츠 코즈웨이	78
카드에 열광하는 영국인들	82
어느 곳과도 다른 학교	88
푸딩과 티	92
로빈 후드는 누구?	96

바이킹의 도시와 초콜릿	101
유령 이야기	106
엘프 세계로 가는 문	112
암모나이트의 공동묘지	118
베이커가 221번지 B호	122
무덤까지 충실하게	126
셰익스피어와 글로브 극장	130
잡을 수 없는 낙서쟁이	134
네스호의 괴물	140
해리 포터의 마법 세계	142
불꽃놀이와 팬케이크	148
거대한 벽	152
용맹한 여왕	156
돌로 만든 원들	160
빛나는 호박들	166
비밀의 화원	170
영어를 배워 볼까요?	174
영국 요리를 만들어 봐요	178

글 티나 오지에비츠(Tina Oziewicz)
어린이 책 작가이자 문학 연구가이자 교사이자 번역가입니다.
브로츠와프 대학에서 철학과 영문학을 전공했습니다.
《파리에서 온 기념품》,《잔상》,《그레이트! 영국》 등을 썼습니다.

그림 조시아 프란코프스카(Zosia Frankowska)
그래픽 디자이너이자 일러스트레이터입니다.
바르샤바 미술학교에서 북 디자인과 일러스트레이션 디자인을 전공했습니다.
《그레이트! 영국》에 그림을 그렸습니다.

옮김 이지원
한국외국어대학교에서 폴란드어를 공부하고 폴란드에서 어린이 책 일러스트레이션의 역사를 연구해
박사 학위를 받았습니다. 지금은 학생들을 가르치며 어린이 책 연구가로 활동하고 있습니다.
옮긴 책으로 《평등한 나라》, 《빨간 모자야, 어린이 인권을 알려 줘》, 《꿀벌》, 《나무》,
《곤니치와, 일본》, 《맘마미아, 이탈리아》, 《올레, 스페인》 등이 있습니다.

책으로 여행하는 아이 ⑤

그레이트, 영국

초판 1쇄 인쇄 2020년 9월 4일 | 초판 1쇄 발행 2020년 9월 10일
글쓴이 티나 오지에비츠 | 그린이 조시아 프란코프스카 | 옮긴이 이지원
펴낸이 홍석 | 이사 홍성우 | 편집부장 이정은 | 편집 차정민·이은경 | 디자인 조은화
마케팅 이가은·이송희 | 관리 김정선·정원경·최우리 | 펴낸곳 도서출판 풀빛
등록 1979년 3월 6일 제8-24호 | 주소 서울특별시 서대문구 북아현로 11가길 12 3층 (북아현동, 한일빌딩)
전화 02-363-5995(영업) 02-362-8900(편집) | 팩스 02-393-3858 | 전자우편 kids@pulbit.co.kr
홈페이지 www.pulbit.co.kr | 블로그 pulbitbooks.blog.me | 인스타그램 instagram.com/pulbitkids

ISBN 979-11-6172-259-7 74920 ISBN 979-11-6172-007-4 (세트)

이 도서의 국립중앙도서관 출판예정도서목록(CIP)은 서지정보유통지원시스템 홈페이지(http://seoji.nl.go.kr)와
국가자료공동목록시스템(http://www.nl.go.kr/kolisnet)에서 이용하실 수 있습니다. (CIP제어번호: CIP2020027768)

ⓒ Copyright for the text by Tina Oziewicz, 2019
ⓒ Copyright for the illustrations by Zosia Frankowska, 2019
Originally published in 2010 under the title "Great! Wielka Brytania dla dociekliwych" by Wydawnictwo Dwie Siostry, Warsaw
Korean Translation Copyright ⓒ 2020 by PULBIT publishing co.
All rights reserved.
The Korean language edition is published by Wydawnictwo Dwie Siostry with Pulbit publishing company, Seoul.

이 책의 한국어판 저작권은 Wydawnictwo Dwie Siostry 와의 독점 계약으로 "도서출판 풀빛"에 있습니다.
저작권법에 의해 한국 내에서 보호를 받는 저작물이므로 무단전재와 무단복제를 금합니다.

*이 책에 나오는 지명과 인명은 국립국어원의 외래어 표기법을 기준으로 하였습니다.
*책값은 뒤표지에 표시되어 있습니다.
*파본이나 잘못된 책은 구입하신 곳에서 바꿔드립니다.

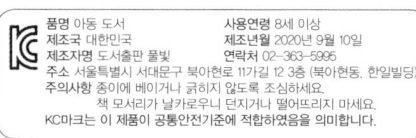